乡村旅游与文化产业创新研究

吴 冲 ◎ 著

吉林出版集团股份有限公司

图书在版编目（CIP）数据

乡村旅游与文化产业创新研究 / 吴冲著. — 长春：吉林出版集团股份有限公司，2024.6

ISBN 978-7-5731-5099-8

Ⅰ.①乡… Ⅱ.①吴… Ⅲ.①乡村旅游－产业融合－文化产业－产业发展－研究－中国 Ⅳ.①F592.3 ②G124

中国国家版本馆 CIP 数据核字（2024）第 110315 号

乡村旅游与文化产业创新研究

XIANGCUN LÜYOU YU WENHUA CHANYE CHUANGXIN YANJIU

著　　者	吴　冲
责任编辑	刘诗宇
封面设计	林　吉
开　　本	710mm×1000mm　　1/16
字　　数	186 千
印　　张	13
版　　次	2024 年 6 月第 1 版
印　　次	2024 年 6 月第 1 次印刷
出版发行	吉林出版集团股份有限公司
电　　话	总编办：010-63109269
	发行部：010-63109269
印　　刷	廊坊市广阳区九洲印刷厂

ISBN 978-7-5731-5099-8　　　　　　　　定价：78.00 元

版权所有　侵权必究

前　言

在全球化与现代化的浪潮中，乡村旅游与文化产业作为新兴的、具有巨大潜力的经济力量，正逐渐受到越来越多的关注。乡村旅游以其独特的乡土风情、自然风光和深厚的文化底蕴，吸引了大量的游客；而文化产业则以其创新性和多样性，为乡村经济发展注入了新的活力。将两者结合起来，不仅可以实现资源共享和优势互补，更可以推动乡村经济的多元化和可持续发展。

乡村旅游的发展，离不开对乡村文化的深入挖掘和传承。乡村文化作为乡村社会的精神内核，是乡村旅游的灵魂所在。通过对乡村文化的挖掘和传承，不仅可以丰富乡村旅游的内涵，提升乡村旅游的品质，更可以激发游客对乡村文化的兴趣和热爱，从而推动乡村旅游的可持续发展。同时，文化产业创新是乡村旅游发展的重要驱动力。在信息化、数字化的时代背景下，文化产业正以前所未有的速度和规模进行创新和变革。借助现代科技手段，我们可以对乡村文化进行数字化处理和呈现，打造具有地方特色的文化产品，满足游客的多元化需求。此外，文化产业创新还可以推动乡村旅游的产业升级和转型，从单一的观光旅游向文化旅游、体验旅游等多元化方向发展。

本书从乡村旅游与旅游产业入手，介绍了乡村旅游资源的开发与保护，详细分析了乡村旅游文化产品创新、旅游产业与文化产业融合发展的动力与手段，以及乡村旅游与文化产业融合发展模式与机制，并重点探讨了乡村旅游文化产业的可持续发展等内容。本书兼具理论与实际应用价值，可供相关工作者参考和借鉴。

本书在撰写过程中，参阅和引用了一些文献资料，谨向它们的作者表示感谢；感谢一直以来支持、鼓励和鞭策我成长的师长和学界同人。由于笔者水平有限，本书难免存在不妥之处，敬请广大学界同人与读者朋友批评指正。

贵州省科技计划项目：贵州山区遗产旅游地时空演化机制与优化模式研究（ZK[2023]-061）。

吴冲

2024 年 1 月

目 录

第一章 乡村旅游与旅游产业 ··· 1
第一节 乡村旅游的概念与类型 ··· 1
第二节 乡村旅游的特点与功能 ··· 11
第三节 旅游产业阐述 ··· 17

第二章 乡村旅游资源的开发与保护 ··· 30
第一节 乡村旅游资源阐述 ··· 30
第二节 乡村旅游资源的开发 ··· 42
第三节 乡村旅游资源的保护 ··· 57

第三章 乡村旅游文化产品创新 ··· 66
第一节 乡村旅游文化产品概述 ··· 66
第二节 乡村旅游文化产品开发要点 ··· 84
第三节 乡村旅游文化产品开发的创新设计 ··· 94

第四章 旅游产业与文化产业融合发展的动力与手段 ··· 102
第一节 旅游产业与文化产业融合发展的动力 ··· 102
第二节 旅游产业与文化产业融合发展的手段 ··· 115

第五章 乡村旅游与文化产业融合发展模式与机制 ··· 130
第一节 乡村旅游与文化产业融合发展模式 ··· 130
第二节 乡村旅游与文化产业融合发展机制 ··· 150

第六章　乡村旅游文化产业的可持续发展 ······················· **175**
　第一节　旅游文化产业可持续发展的含义与目标 ··················· 175
　第二节　实现旅游文化产业可持续发展的路径 ····················· 178
　第三节　旅游文化产业的发展趋势 ··································· 192
参考文献 ··· **200**

第一章 乡村旅游与旅游产业

第一节 乡村旅游的概念与类型

一、乡村旅游的概念

（一）乡村旅游概念辨析

1. 国际乡村旅游概念辨析

在国外，用以表示乡村旅游的词汇有 rural tourism（乡村旅游）、farm tourism（农场旅游）、ecotourism（生态旅游）、agri-tourism（农业旅游）等。从不同的关于旅游的词汇中，我们可以看出其中的区别，如 farm tourism（农场旅游），将旅游的场所界定在农场范畴内。笔者通过查阅相关文献资料发现，乡村旅游不仅在用词上不同，不同学者和组织对乡村旅游的解读也不同。比如，世界经济合作与发展组织和欧盟将乡村旅游定义为发生在乡村的旅游活动，乡村性是乡村旅游整体推销的核心和独特卖点。伯纳德·莱恩（Bernard Lane）认为，乡村旅游是在乡村地区进行的旅游活动，且在不同的国家和地区具有不同的表现形式，它位于乡村地区，旅游活动具有乡村性、小规模化，社会结构和文化具有传统特征以及类型变化多样等五个特征。①芬兰乡村发展委员会认为，乡村旅游是全面开发乡村资源，创造能够出口产品的途径和工具，通过量和质两个方面增加努力，乡村旅游可以被建设成乡村就业和收入的基本源泉。②

虽然国外不同学者与组织对乡村旅游的定义不同，但通过梳理其概念，我们也可以发现其中存在的一些共通点：

一是对乡村旅游发生地域的界定。很多学者和组织在对乡村旅游概念的阐述中都提到了乡村旅游发生的地域，即乡村。虽然有些学者将地域界定为非城市区域，但综合来看，这说明了乡村旅游的地域性。

二是对乡村旅游活动属性的界定。乡村旅游的属性是乡村性，这是区别于其他旅游形式的重要依据。乡村性的确定是建立在乡村与城市社会学理论之上的，表明了乡村旅游具有乡村地域性的特点，它既包括传统的乡村游玩项目，又包括具有教育意义的民俗活动。

三是指出了乡村旅游的价值。通过开展乡村旅游，不仅能够促进乡村经济的发展，使村民从中受益，还有助于乡村环境的改善，进而推动乡村的建设与发展。

综上所述，国外对乡村旅游概念的定义是依据乡村发展实际，而不是采用系统归纳的方法，这一点值得我们借鉴。当然，由于国外与我国的国

---

① 王斌斌．全域旅游背景下乡村旅游和乡村物流联动发展探析[J]．现代营销（下旬刊），2019（4）：106-107．
② 罗颖．乡村旅游的本底属性研究[J]．四川省干部函授学院学报，2010（4）：43-46．

情不同，所以无论在概念上，还是在方法上，都不能不结合自身实际情况的"拿来"，我们要从我国国情以及乡村发展实际出发，对乡村旅游的概念进行定义。

2. 国内乡村旅游概念辨析

在国内，笔者通过查阅文献资料发现，国内不同学者对乡村旅游概念的界定也存在差异。比如，舒科认为，乡村旅游是指在非城市的土地空间之上，依托农业生产生活及其他关联要素，在其基础上进行各类产品的物化表达与体验构建，进而形成对游客产生吸引价值的产业类型，并具备产生相应社会价值可能的旅游类型，其形成和体现具有相应的时代性、社会性及产业关联性。[①] 李静轩等人认为，乡村旅游以农民家庭为基本的接待和经营单位，以自然生态环境、现代农业文明、浓郁民俗风情、淳朴乡土文化为载体，以利用农村的环境资源、农民生活劳动为特色，以营利为目的，集餐饮、住宿、游览、参与、体验、娱乐、购物等于一身，舒适惬意，陶冶性情，这是一种综合性休闲度假旅游活动方式，是一种由传统的观光旅游向休闲旅游过渡的新的旅游形态。[②] 耿松涛等人认为，乡村旅游是指在乡村地区，以具有乡村特性的自然和人文吸引物为凭借，为满足旅游者需求而从事的一切旅游活动及由此产生的各种关系的总和。[③]

[①] 舒科. 明日田园——以旅游推进乡村振兴的探索与实践 [M]. 成都：四川人民出版社，2018.
[②] 李静轩，李屹兰. 乡村旅游开发与经营 [M]. 北京：中国农业科学技术出版社，2010.
[③] 耿松涛，宋蒙蒙. 产业融合背景下的旅游创新业态发展研究 [M]. 北京：知识产权出版社，2018.

综合国内学者对乡村旅游的定义，我们同样可以从不同的阐述中发现一些共通点：

一是强调乡村旅游发生的地域，即乡村，这一点与国外学者的观点相同，他们都将空间作为概念定义的一个重要前提条件。

二是指出了乡村旅游所依托的资源。乡村旅游资源是乡村旅游得以发展的支撑，也是吸引游客的重要资本。我国乡村资源丰富多样，包括自然资源、田园风光、民俗风情、生产生活资源、建筑资源等。

三是指出了乡村旅游的活动形式。乡村旅游是发生在乡村旅游活动的总和，其活动形式包括观光、休闲、餐饮、体验、娱乐、购物等。

综上所述，国内对乡村旅游概念的定义主要从地域、资源、活动三个方面着手，且各个方面涵盖的范围较为广泛，这与我国地域辽阔、乡村资源的丰富有关。

（二）乡村旅游概念界定

通过比较和分析国内外对乡村旅游概念的定义，笔者认为乡村旅游可以从狭义与广义两个角度进行阐述。从狭义的角度看，并非发生在乡村地区的旅游便是乡村旅游，还需要与乡村的资源环境、生活环境等融合，才能称之为乡村旅游。简单来说，乡村旅游必须强调乡村性，这一定义在国外学者的阐述中较为常见。而从广义的角度看，随着乡村旅游范畴的不断扩展，乡村旅游已不仅局限于乡村性的活动，更多的是在乡村环境的各种非城市旅游体验。在笔者看来，广义的乡村旅游的定义更加符合时代发展的特征与需求，所以在本书的论述中，除特殊说明外，笔者对乡村旅游展开的论述均是在广义概念的范围内。

为了进一步把握广义角度下乡村旅游的概念，我们还需要认识到乡村旅游所具有的以下属性：

1. 空间属性

从地理的概念出发，乡村旅游的活动区域是乡村，这可以看作是一种空间上的概念，这个空间与城市是相对的，同时与城市的空间也存在互补性。

2. 资源属性

资源是旅游活动开展的重要支撑，没有旅游资源，自然难以开发旅游产品，也难以发展旅游产业。乡村旅游资源是指存在于乡村的资源，如乡村服饰文化、乡村民俗文化、乡村传统建筑、乡村农业相关景观等，正是因为这些资源的存在，乡村旅游越来越受到人们的喜爱。

3. 产品属性

乡村旅游产品是指基于乡村旅游资源开发的旅游产品，这些旅游产品既可以是物质的，如文创产品，又可以是非物质的，如乡村民俗体验活动。

（三）乡村旅游相关概念梳理

由于所依托的乡村旅游资源以及所开发的产品存在交叉重合，人们很容易将乡村旅游与民俗旅游、农业旅游、生态旅游等概念混淆。因此，为了更好地把握乡村旅游的概念，笔者将针对乡村旅游的相关概念以及两者的关系进行梳理。

1. 乡村旅游与民俗旅游

民俗旅游是指以体验民俗文化为主要活动内容的一种旅游形式。民俗文化是一个地区、一个民族在长时间发展过程中形成的文化现象,蕴含着丰富的社会内容,同时具有民族特色与地方特色。关于民俗旅游的方式,陶思炎教授在《略论民俗旅游》一文中指出:从民俗旅游涉及的民俗范畴、民俗生活的空间、民俗旅游的产品性质以及民俗旅游产品的服务功能四方面进行划分,其中根据民俗生活的空间,民俗旅游可做市井民俗游、水乡民俗游、山村民俗游、渔村民俗游等划分。[①] 由此可见,民俗旅游不仅可以在乡村中展开,还可以在城镇中展开。例如,北京民族公园集中体现了我国的民族民俗文化、云南民族文化村集中体现了云南少数民族的民俗文化,这些地方可以让游客在短时间内了解大量有关民俗文化的内容,但其缺点是在复制加工的过程中可能会损失原有民俗文化的内涵。因此,乡村旅游与民俗旅游的关系并不是包含与被包含的关系,而是两者包含有共同的部分。

2. 乡村旅游与农业旅游

农业旅游是把农业与旅游产业结合在一起,利用农业景观和农村空间吸引游客前来参观的一种新型农业经营形态,即以农、林、牧、副、渔等广泛的农业资源为基础开发旅游产品,并为游客提供特色服务的旅游产业

---

① 陶思炎.略论民俗旅游[J].旅游学刊,1997(2):36-38,62.

的统称。农业是乡村的主要产业之一,乡村旅游资源的开发自然离不开农业,游客可以在真实的农业环境中体验农业生产,可以购买当地的特色农产品。然而,农业旅游并不能囊括乡村旅游的全部,乡村旅游所包含的内容以及涉及的领域显然更加广泛。因此,乡村旅游与农业旅游的关系是包含与被包含的关系,农业旅游只是乡村旅游的一个类型。

3. 乡村旅游与生态旅游

生态旅游一词最早出现在世界自然保护联盟,于1983年提出,其理念是可持续发展,即旅游活动的开展要以保护生态环境为前提。旅游在促进经济发展、满足大众精神需求等方面发挥了重要作用,尤其在生活节奏不断加快的今天,旅游的意义愈加凸显。然而,随着旅游产业的发展,一些生态环境问题也随之而来,所以发展生态旅游具有非常重要的意义。由此可见,生态旅游与乡村旅游属于两个完全不同的概念,但生态旅游的理念对乡村旅游具有积极的指导意义,即乡村旅游的发展要以保护生态环境为基础,走可持续发展路线。

二、乡村旅游的类型

依据不同的分类依据,乡村旅游的类,乡村旅游型划分也存在区别。具体而言,乡村旅游在类型划分上有如下两种。

(一)依据旅游者需求分类

依据旅游者需求进行分类,乡村旅游可分为乡村观光型旅游、乡村休闲度假型旅游、生活体验型旅游、购物型旅游和复合型旅游等。

1. 观光型旅游

观光型旅游的游客以观赏乡村自然风景、乡村田园生态、乡村人文景观、乡村民俗风情等为主要目的。游客对乡村景观充满了好奇与向往,他们希望通过观光游览了解乡村的景观,满足自己的好奇心,同时陶冶自己的情操。

2. 乡村休闲度假型旅游

乡村休闲度假型旅游的游客以休闲度假为主要目的。如今,城镇生活的节奏越来越快,越来越多的人想着逃离城镇,去寻求心灵的宁静,而旅游无疑是逃离城镇、陶冶情操的一个有效途径。相较于城镇旅游以及一些著名景点,乡村的环境无疑更能满足他们的精神需求,所以乡村成了他们休闲度假的首要选择。

3. 生活体验型旅游

生活体验型旅游的游客以体验乡村生活为主要目的。乡村生活的体验包括农业生产体验、手工艺制作体验、民俗风情体验等。相较于观光型旅游而言,生活体验型旅游能够让游客更深入地了解乡村,也能够带给他们更多的新鲜感与刺激。

4. 购物型旅游

购物型旅游的游客以购买旅游产品为主要目的,包括购买传统手工艺品、当地特色产品、文创产品等。旅游产品兼具实用性、纪念性和文化性等特征，虽然价格比一般商品稍高，但对于游客而言却具有非同寻常的意义。

5. 复合型旅游

复合型旅游的游客往往并没有某个专门的目的，他们往往集观光、休闲度假、生活体验、购物等为一体。另外，也有些游客只是单纯喜欢旅游，在旅游的过程中，或购物，或体验乡村生活，或游览乡村景观，没有明确的目的，也没有局限。

（二）依据乡村旅游的资源分类

依据乡村旅游的资源分类，乡村旅游可分为村落民居旅游、民俗文化旅游、田园生态旅游和乡村自然风光旅游等。

1. 村落民居旅游

对于保存比较完整的古村落，我们可以通过开发古村落以及民居建筑发展乡村旅游产业。例如，安徽省黟县西递、宏村两处古村落，分别建于北宋和南宋时期，距今有千年历史。西递、宏村的村落选址、布局和建筑形态，都以周易风水理论为依据，体现了"天人合一"的中国传统哲学思想和对大自然的向往与尊重，而那些典雅的明、清民居建筑群与大自然紧密相融，创造出一个既合乎科学，又富有情趣的生活居住环境，是中国传统古村落的精髓。西递、宏村被列入联合国《世界遗产名录》，是村落民居旅游模式中的典型，更是徽派民居中的一颗明珠，被誉为"画中的村庄"。

2. 民俗文化旅游

民俗文化旅游是指以体验民俗文化为主要活动内容的一种旅游形式。民俗文化包含的内容很多，有物质民俗，如饮食、服饰、生产生活工具等；社会礼仪民俗，如婚嫁、丧葬等；信仰民俗，如宗教信仰活动、民间崇拜、民间禁忌等；节气节日民俗，如传统节日、二十四节气等；游艺民俗，如民间体育、民间艺术等。上面所述的民俗文化都可以作为民俗文化旅游的资源。

3. 田园生态旅游

田园生态旅游是指以田园生态环境作为旅游资源的一种旅游形式。对于城镇居民而言，乡村田园是陌生的，也是具有吸引力的，尤其在生活节奏不断加快的今天，越来越多的城镇居民渴望体验乡村慢节奏的生活，感受田园生态风光。显然，田园生态旅游满足了城镇居民的这一精神需求。目前，田园生态旅游主要有两种形式：一种是观光式旅游，即游客仅仅游览乡村田园的生态环境；另一种是体验式旅游，即游客除了游览参观之外，还会参与到农事活动中，体验农耕文化以及乡土气息。

4. 乡村自然风光旅游

乡村自然风光旅游是以乡村自然风光为旅游资源的一种旅游形式。自然风光是大自然赐予人类的礼物，观赏自然风光能够满足人们回归大自然的精神需求，也能够在与大自然的密切接触中感受到人与自然和谐相处的重要性。乡村自然风光包括自然地质、风景水体和风景气象等。自然地质包括典型的地质构造、冰川活动轨迹、岩溶地貌等；风景水体旅游包括江、河、湖、瀑布、泉水等；风景气象包括冰雪景、雾凇、日出日落等。

第二节　乡村旅游的特点与功能

一、乡村旅游的特点

（一）乡村性与自然性

乡村性是乡村旅游的核心吸引力，也是其核心特征所在。在乡村长期发展的过程中，乡村独特的生产生活方式造就了不同于城市的特色文化，如饮食文化、民俗文化、民居建筑等，这些资源极具乡村性，对长期生活在城镇中的人来说，这些以乡村文化为载体的旅游资源无疑具有非常强的吸引力。另外，乡村独特的自然条件也造就了独特的自然资源，这些自然资源向人们展现了大自然的神奇，对向往自然、渴望亲近自然的人来说，无疑也是极具吸引力的。其实，对长期生活在城镇中的人来说，由于每天面对繁重的工作和紧张而重复的劳动，他们对乡村生活和环境愈加向往，所以无论是乡村的乡土资源，还是自然资源都是极具吸引力的。的确，无论是美丽旖旎的自然风光，还是各地独具特色的民俗风情，抑或那味道迥异的美食佳肴，都是城市所不具备的，也都能够满足游客的精神需求，并为他们带去返璞归真的机会。

（二）参与性

与城市旅游偏向于参观、陈列不同，乡村旅游更注重游客的参与性，这也是乡村旅游吸引游客的一个原因所在。事实上，乡村旅游资源的特殊性决定了乡村旅游必然要走参与型的旅游方式，因为无论是乡村文化，还是田园生态环境，只有在参与体验的过程中，才能让游客有更深入的认知，从而提升游客乡村旅游的体验感。比如，对于当地的一些民俗活动，游客可以穿上当地的特色服装，参与到人群中，和当地的居民一起欢庆。再如，在游览乡村田园风光的过程中，游客可以参与到农事劳动中，如参与采茶、炒茶、泡茶的全过程，体验茶叶种植有关的劳作，感受中国茶文化的博大精深，并在这个过程中回归自然，享受农事劳动所带来的乐趣。

（三）差异性

乡村旅游的差异性体验表现在地域、民族和季节三个方面。首先，就地域来说，我国幅员辽阔，不同地域的气候、地貌地形有着很大的差异，这自然会造就不同的农业生产方式以及不同的乡村文化，所以不同地域之间，乡村旅游自然存在一定的差异性。其次，就民族而言，我国是一个多民族融合的国家，不同的民族有着不同的民俗，而不同的民俗自然会造就不同的乡村文化，所以不同民族的乡村旅游也同样存在差异性。最后，就季节而言，季节的更替会导致光、水、热等自然条件的改变，而农业生产在很大程度上依赖于季节，所以以农业为主要旅游资源的乡村旅游（尤其是观光农业）也带有很强的季节性。事实上，正是由于乡村旅游的差异性，才使我国乡村旅游呈现出百花齐放的态势，这不仅刺激了游客的旅游热情，还在地理空间上分散了游客环境容量，缓解了旅游中常出现的拥挤和杂乱，为游客带去了较好的旅游体验。

二、乡村旅游的功能

（一）经济功能

在乡村长期的发展过程中，始终以第一产业——农业，作为主要的经济来源。中华人民共和国成立之后，工业开始逐渐发展，乡村在兼顾农业发展的基础上，也开始发展第二产业——工业，并成为促进乡村经济发展的一个重要产业。旅游属于第三产业——服务业，乡村旅游的发展再次拓展了乡村的产业链，并成为促进乡村经济发展的又一动力。具体而言，乡村旅游的经济功能主要体现在如下几个方面：

第一，乡村旅游带动了农民收入的提高。乡村旅游吸引了大批游客到乡村游玩、参观，而作为集食、住、游、购为一体的一种旅游模式，游客自然会在食、住、游、购等方面进行消费，从而使乡村旅游的经营主体——农民，从中获得收益。

第二，乡村旅游活跃了乡村市场中更多的剩余劳动力。旅游属于劳动密集型产业，对劳动力的需求量较大，而很多乡村中存有大量的剩余劳动力，乡村旅游的发展无疑为充分开发这些剩余劳动力提供了良好的条件。当然，因为乡村剩余劳动力大多文化程度较低，所以也不可避免地带来了乡村旅游服务方面的问题，但随着乡村旅游市场的逐渐完善，这些问题也一定会在一系列的措施中得到解决。

第三，乡村旅游带动了当地旅游商品市场的发展。乡村旅游可以促进当地特色文化的传播，扩大当地特色文化的影响力，从而使当地的旅游商品在全国的旅游商品市场中占有一席之地。而当地旅游商品市场的发展可以促进当地开发者对旅游商品的深度开发，提升旅游商品的文化价值，进而形成一定的旅游商品产业规模，这对当地的经济发展无疑是非常有意义的。

（二）社会功能

乡村旅游的社会功能可以从微观和宏观两个角度去阐述。微观角度是指在乡村社会环境中，乡村旅游的发展能够加速乡村社会结构的改变。在本书中，笔者针对乡村的社会结构做过多次论述，指出在现代文化的冲击下，乡村原有的社会结构已经发生改变，而乡村旅游的出现，使乡村与外界的交流更加频繁，这无疑会进一步加速乡村原有社会结构的改变。面对乡村社会结构的改变，我们不能简单地用对与错这种二元论的观点看待，因为时代在不断发展，乡村社会结构必然会改变；无论快慢，我们无法改变，也无须改变，需要做的是在继承中创新，在继承中发展。宏观角度则是指包括城乡在内的大社会，乡村旅游为城市与乡村的交流搭建了一个通道，拉近了城乡之间的距离。对于长期生活在城镇中的人来说，乡村的很多东西都是陌生的,他们不了解乡村的文化和乡村的生活,而乡村旅游为他们提供了一个了解乡村的渠道;他们通过游览乡村景观,体验乡村生活,加深了对乡村的认知,这对于促进城乡的融合发展具有非常积极的意义。此外,城乡二元结构是城乡发展中的一个矛盾,导致这一矛盾的一个重要原因就是经济的发展,而乡村旅游能够促进乡村经济的发展,这对于缩短城乡差距,缓解城乡二元结构也同样具有重要意义。

(三)文化功能

乡村旅游的文化功能体现在对乡村文化的保护与传承上。在本书中,笔者就乡村文化及乡村文化的继承做了详细的分析,其中提到了保护性开发,即通过开发的方式促进乡村文化的保护与传承。显然,乡村旅游是一种乡村文化的开发方式。乡村文化是乡村旅游的重要旅游资源之一,通过开发乡村文化,不仅有助于形成当地的旅游特色以及打造特色文化产品,还可以借助旅游这一渠道将乡村文化向社会传播出去,进而引起社会大众的关注。

在现代社会发展的进程中,国家为了保护和传承包括乡村文化在内的优秀传统文化,先后出台了诸多政策,并在经济上给予了大力的支持。但是,由于我国乡村文化的种类与内容非常之多,国家很难在短时间内兼顾每一种文化。而在现代社会发展进程中,社会结构在不断发生改变,某些乡村文化也在逐渐失去其原本的价值;当国家无法兼顾这些乡村文化的时候，很可能会导致这些文化的衰落。而将其开发成旅游产品，能够再次激活衰落的乡村文化，并使更多的人认识它、了解它，从文化的保护与传承的角度来讲，这种开发无疑是具有价值的。

（四）休闲功能

旅游具有休闲娱乐的功能，尤其近些年来，随着城市化进程的加快，生活与工作节奏越来越快，城市居民渴望回归自然，到乡村去体验青山绿水。乡村休闲旅游项目主要包括生态环境、田园生活、乡村文化等旅游要素，不同乡村旅游休闲项目具有不同的价值。为开发利用好乡村旅游资源，促进乡村旅游带动乡村农业发展、增效和增收，我们应当采取相应的开发方式。就乡村观光类休闲项目来说，视觉体验是首要的。视觉是人体重要的感觉，人体通过视觉获得外界80%的信息，乡村景观是休闲农业基本的要素。因此，通过视觉体验乡村之美必然是乡村休闲旅游基本的构成要素。

当然，乡村旅游最大的吸引点在于体验，通过游客的亲身体验，不仅能够加深对乡村的了解，还能够在沉浸式体验中获得精神与心灵上的慰藉。比如，近年迅速兴起的新型休闲业态——采摘园，通过游客的参与、趣味性的游戏，增强乡村旅游的娱乐性，因而受到旅游者的青睐，目前已经成为现代休闲乡村旅游的一大特色。此外，我们还可以建设一些供游客娱乐的活动空间与传统民俗项目，让游客在休闲娱乐的同时，深切感受当地的民俗文化，使旅游从简单的感知旅游向深度旅游发展。

第三节 旅游产业阐述

一、旅游产业的概念与内涵

对于旅游产业和学术界来说，旅游产业是一个耳熟能详的概念，但笔者通过翻阅文献资料发现，目前对旅游产业概念的定义并没有一个统一标准，不同的学者针对旅游产业概念及其内涵的描述存在一定的差异。在此，笔者从中选取了几种观点，并对其进行简要的分析和总结。

杨振之等人从产业供给的角度出发，认为旅游产业是以旅游产业生产六要素：吃（旅游餐饮业）、住（旅游宾馆业）、行（旅游交通业）、游（旅游景观业）、购（旅游商品业）、娱（旅游娱乐业）为核心，以旅行社为产业龙头，由一系列行业部门组成的社会、经济、文化、环境的整合产业，是一个开放的复杂系统。[①]赵书虹从广义与狭义两个角度着手，指出狭义的旅游产业是指那些提供核心旅游产品以满足旅游者旅游需求的旅游企业的集合，广义的旅游产业还包括提供各种附加价值的相关产业；与此同时，如果旅游产业在某个地理空间发展，还必须依赖当地的其他公共设施和服务机构。[②]王德刚则指出，旅游产业是以满足旅游者在旅行活动中的食、住、

---

① 杨振之，陈谨.论我国旅游产业结构的优化调整[J].云南民族学院学报（哲学社会科学版），2002（5）：30-34.

② 赵书虹.试论旅游产业的形态、结构、集群特征和比较优势[J].思想战线，2010，36（2）：128-132.

行、游、购、娱等需要为宗旨，向旅游者提供全方位旅游服务的综合性产业。其范围涵盖了与旅游活动相关的国民经济的许多产业、部门，其中既包括支撑旅游产业生存和发展的基本行业，如旅游景区、旅游饭店、旅行社、旅游交通等，又涉及诸多与之相关的产业、部门、机构。①

通过引述上述几位学者对旅游产业概念的阐述不难发现，旅游产业涵盖的范围非常广泛，是一个复杂的系统，这也是不同学者针对旅游产业阐述存在差异的一个原因。另外，随着社会时代的不断发展，旅游的形式和内容在不断扩展，这使旅游产业的内涵也在不断丰富，具体表现在如下几个方面：

第一，旅游产业自身结构不断趋于复杂。从上述学者对旅游产业的阐述中可知，旅游产业涵盖食、住、行、游、购、娱六大方面，而这六大方面在社会发展的进程中也在不断日新月异，这使本就结构复杂的旅游产业变得更加复杂。

第二，旅游产业的跨产业性、跨行业性愈加明显。旅游产业本身便涉及诸多产业与行业，而在"互联网+"理念的影响下，"旅游+"理念也开始出现，这使旅游与越来越多的产业、行业关联起来，并逐渐形成了综合性的产业体系与产业链条。

第三，国内旅游产业与国外旅游产业的关联性越来越强。旅游产业的发展不仅要面向国内，还要面向国外，所以国内旅游产业必然会与国外旅

---

① 王德刚.旅游规划与开发[M].北京：中国旅游出版社，2017.

游产业产生交集,并相互影响。同样,站在国外的角度,中国作为一个重要的战略合作伙伴,他们的旅游产业发展也自然会向中国延伸。因此,在国内外旅游产业双向发展的大环境下,国内旅游产业与国外旅游产业的关联性只会越来越强,相互之间的影响也会逐渐加强。

二、旅游产业的特征

(一)旅游产业性质的双重性

旅游产业性质的双重性体现在它同时具备经济性与文化性的双重属性。首先,就经济性来说,旅游是社会经济发展到一定阶段的产物,旅游产业的产生本身就是建立在一定的经济水平之上的,所以旅游产业自带经济属性。另外,旅游产业作为一种产业形式,能够带动经济的增长,尤其在人们愈加重视精神追求的今天,旅游受到越来越多人的喜爱,其所表现出的经济属性以及其经济前景都是非常可观的。其次,就其文化性来说,旅游属于一种文化消费,虽然旅游消费的构成中离不开物质资料,但精神性、文化性的资料才是旅游中最主要的部分。的确,游客通过付出一定的时间与金钱,其目的在于获得文化享受,满足高层次的精神需求。比如,游览名山大川、体验乡村民俗、了解文物古迹等,都是为了从中获得精神上的享受。因此,旅游产业既属于经济产业,又属于文化事业,它对社会经济的发展以及文化的发展都具有一定的推动作用。

（二）旅游产品种类的丰富性

通过之前对旅游产业概念的阐述可知，旅游产业涵盖的范围非常广泛，这就决定了旅游产品的丰富性。的确，从目前旅游市场来看，旅游产品的类型可谓非常丰富，内容涉及广泛，而且依据不同的分类标准，划分出的旅游产品的种类也不同（图1-1）。

```
                                  ┌─ 观光旅游产品
                                  ├─ 文化旅游产品
                     依据特点分类 ─┤
                                  ├─ 度假旅游产品
                                  └─ 生态旅游产品

                                  ┌─ 康体旅游产品
        旅游产品种类 ─ 依据功能分类 ─┤─ 享受旅游产品
                                  └─ 专项旅游产品

                                  ┌─ 散客包价旅游产品
                                  ├─ 团体包价旅游产品
                     依据销售方式 ─┤
                     分类          ├─ 半包价旅游产品
                                  └─ 小包价旅游产品
```

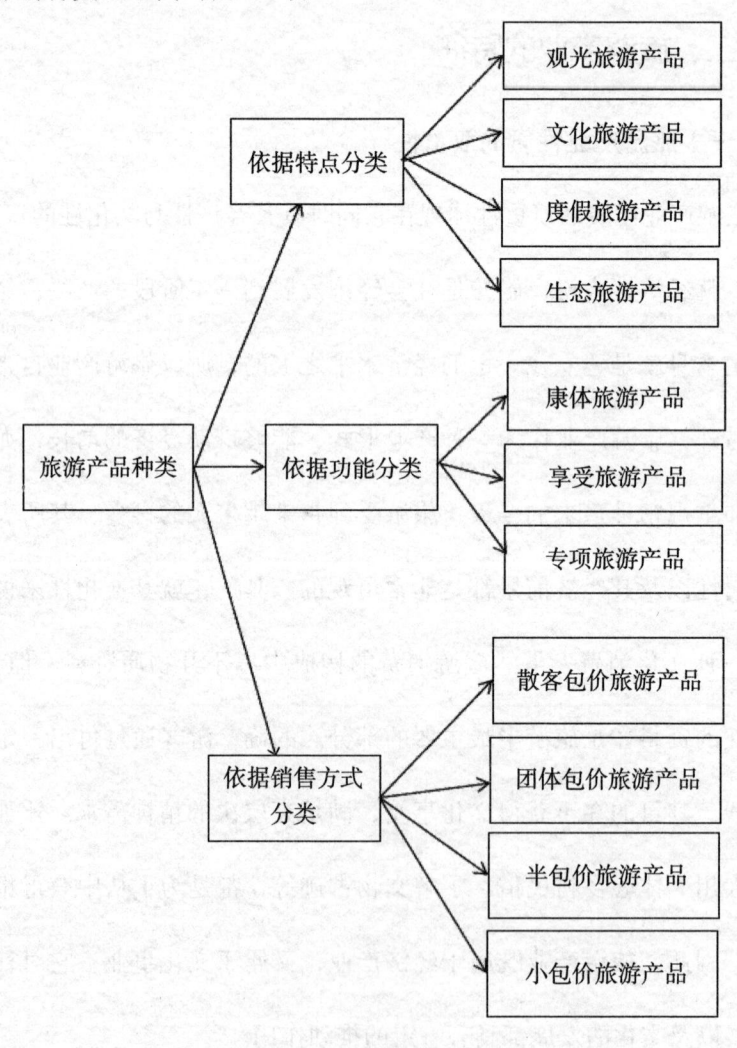

图1-1　旅游产品的种类

1. 依据特点分类

依据特点分类,旅游产品可分为观光旅游产品、文化旅游产品、度假旅游产品和生态旅游产品等。观光旅游产品是以观赏、游览名胜古迹、自然风光为目的而设计的旅游产品;文化旅游产品是以参观、学习其他地域文化为目的而设计的旅游产品;度假旅游产品是以休闲度假以及购物消遣为目的而设计的旅游产品;生态旅游产品是以宣传生态保护为目的而设计的旅游产品。

2. 依据功能分类

依据功能分类,旅游产品可分为康体旅游产品、享受旅游产品和专项旅游产品等。康体旅游产品是以保健、疗养为目的而设计的旅游产品;享受旅游产品是以追求极致的享受为目的而设计的旅游产品,其特点是体验好,价格昂贵;专项旅游产品是为了满足某些人某些特殊的需求而设计的旅游产品,如考古旅游、修学旅游、探险旅游等。

3. 依据销售方式分类

依据销售方式分类,旅游产品可分为散客包价旅游产品、团体包价旅游产品、半包价旅游产品和小包价旅游产品等。散客包价旅游产品是针对不参加旅游团体的个人或家庭而设计的旅游产品;团体包价旅游产品面向的群体也是个人和家庭,不同的是该产品需要游客跟团游;半包价旅游产品是一种在全包价基础上去掉一些费用(如中餐、晚餐的费用)的一种旅游产品形式；小包价旅游产品也被称为选择性旅游产品，即旅游项目由选择和非选择两种组成，游客可在选择项中自由选择自己想要参加的项目。

（三）旅游产业空间的聚集性

旅游产业空间的聚集性体现在地理空间上，即旅游产业往往以某个旅游景点为中心，其外部围绕有大量的饭店、酒店、特产销售商店等，且随着地理空间距离的外延，饭店、酒店的数量越来越少，呈现出明显的"核心—边缘"特征。事实上，很多产业都存在这种地理空间上的聚集性，如城市中的商业中心，其四周往往分布有大量的商铺，而距离商业中心越远，商铺的数量也就越少。我们可以用"成本"两个字解释这一现象，作为某个旅游景点的游客，其付出的成本主要有两个：时间成本与经济成本。在经济可以承受的范围内，游客往往会选择付出最少的时间成本获得最大收益，所以在住宿、饮食、购物等方面，当经济成本在游客可接受范围时，游客自然会选择更靠近景点的商铺，从而减少时间成本的支出。由此可见，距离景点越远的商铺能够获得的游客流量越少，当游客流量带来的收益不足以支撑店铺运营成本时，也就意味着到了"边缘"化，再向外延伸将很少能够再看到以景点为依托的商铺。

（四）旅游产业关系的关联性

从严格意义上来讲，旅游产业属于第三产业，但旅游产业与众多产业具有紧密的联系，其所提供的服务涉及第一、第二、第三产业，所以旅游产业属于综合性产业。的确，旅游产业本身作为服务业，属于第三产业，但它与第一产业中的农、林、牧、渔以及第二产业的工业、建筑业等都有联系，甚至与第三产业的通信、保险、金融等也都有密不可分的联系。

目前，就现代产业发展的趋势来看，产业融合是一种必然。产业融合是指在时间上先后产生、结构上处于不同层次的农业、工业、服务业、信息业、知识业在同一个产业、产业链、产业网中相互渗透、相互包含和融合发展的产业形态与经济增长方式，是用无形渗透有形、高端统御低端、先进提升落后、纵向带动横向，使低端产业成为高端产业的组成部分，实现产业升级的知识运营增长方式、发展模式与企业经营模式。作为综合性的产业，我们应充分利用该产业与其他产业的关联性，并进一步加深这种关联性，这不仅有助于促进旅游产业的发展，还对其他产业的发展同样具有非常积极的意义。

三、旅游产业的功能

（一）促进经济的发展

随着人们生活水平的不断提高，以及人们旅游热情的愈加高涨，旅游产业已经成为促进我国经济发展的一个重要动力。具体而言，旅游产业在促进经济发展中的作用主要表现在拉动内需、带动就业、带动相关产业发展。其实，早在2014年国务院印发的《关于促进旅游产业改革发展的若干意见》中便指出了旅游产业的重要性：旅游产业是现代服务业的重要组成部分，带动作用大。加快旅游产业改革发展，是适应人民群众消费升级和产业结构调整的必然要求,对于扩就业、增收入、推动中西部发展和贫困地区脱贫致富、促进经济平稳增长和生态环境改善意义重大,对提高人民生活质量、培育和践行社会主义核心价值观也具有重要作用。

(二)带动其他产业发展

作为一个综合性产业,旅游产业与其他产业的联系非常紧密,旅游产业的发展必然会带动其他产业的发展。旅游产业的本质是服务,其服务围绕旅游资源展开,辐射食、住、行、游、购、娱等六个方面。而这六个方面涵盖了诸多行业,包括农业、食品加工业、制造业、餐饮业、交通通信业等,这些行业必然会受到旅游产业带来的红利从而实现其发展。以乡村农业为例,农业作为乡村的产业支柱,是包括种植业、林业、畜牧业、渔业、副业在内的一种产业形式,其经济收益往往是通过出售农业相关产品实现的。随着乡村旅游的发展,农业开始和旅游产业相结合,即以农业作为一种旅游资源,通过开发农业资源吸引城镇居民。事实证明,通过旅游产业带动农业,拓宽了农业产业链,并且也带来了良好的收益。以安徽省为例,安徽作为农业大省,以蔬菜、茶叶、中药材、蚕桑等特色农业资源为依托,积极发展农业旅游,建设了一批颇具特色的农业旅游产业聚集区。目前,比较有代表性的农业产业聚集区有八个:皖东南特色农业休闲、皖东北现代林果休闲、皖北现代牧业休闲、皖西北田园生态休闲、沿江高科技农业休闲、江淮岗丘花木旅游、黄山绿色农业养生、大别山绿色农业养生,为促进当地以及安徽省的经济发展发挥了积极的作用。

（三）满足大众精神文化需求

人们对美好生活的需求不仅包含物质上的需求，更包含精神文化上的需求，尤其随着人们经济水平的不断提高，物质需求已经较好地得到满足，精神文化需求将进一步扩大。事实上，从近年来不断涌现的书院热、博物馆热等现象中不难看出，人们对精神文化的需求在不断升温。旅游作为能够较好满足人们精神文化需求的一种途径，近些年一直呈现上升的态势。在之前对旅游产业特征的阐述中笔者指出，旅游产业兼具经济性与文化性的双重属性，虽然旅游消费的构成离不开物质资料，但精神性、文化性的资料才是旅游中最主要的部分。所以旅游更大程度上属于一种文化消费，其带给消费者的除物质上的满足之外，更多的是精神文化上的满足。由此可见，面对社会发展日益增长的精神文化需求，发展旅游产业无疑是一条精神文化建设的有效途径。

四、旅游产业的构成

旅游产业是一个综合性产业，囊括食、住、行、游、购、娱等多个方面，其构成也是极其复杂的。但通过梳理各产业之间的关系，并分析其权重，笔者认为可将旅游产业分为旅行社业、旅游观赏娱乐业、餐饮住宿业、交通通信业和旅游购物业等五个核心产业。

（一）旅行社业

旅行社业属于中介服务型产业，同时具有服务性、经济性和中介性的属性，其中的中介性是旅游产业中其他产业不具备的。在面对分散的游客、景点以及其他服务产业时，旅行社作为一个中介，将这些分散的内容集中起来，创造了一种颇具效率的资源组合方式与信息传递方式，成为架在多方之间的一个桥梁。具体来说，旅行社在旅游产业中所发挥的作用突出表现为如下几点：

其一，从某种意义上来说，旅行社的产生代表着旅游产业的正式产生，因为旅行社的出现使分散的旅游资料逐渐整合起来，并形成一定的规模，这是产业形成的一个重要条件。

其二，旅行社作为连接旅游资料的桥梁，创造了一种资源组合以及信息传递的方式，并发展为旅游产业中极具效益的组织团体，为推动整个旅游产业的发展发挥了积极的作用。

其三，旅行社作为专业的旅游服务机构，有着专业的服务人员和标准的服务流程，这能够为游客带去良好的旅游体验，有助于推动良好旅游环境的营造。当然，近些年关于旅行社的一些负面新闻频频出现在网络上，这在一定程度上消减了人们对旅行社的信任度，所以政府仍需要加大对旅行社的监管力度，使旅行社成为促进旅游产业发展的催化剂，而不是阻化剂。

（二）旅游观赏娱乐业

旅游观赏娱乐业主要包括旅游景点、旅游景区以及相关的特色娱乐场所等。就游客而言，大部分游客旅游的目的都是旅游景区或者旅游地相关的特色娱乐场所,餐饮、交通、住宿、购物以及旅行社其实都是围绕它展开服务的,所以从某种意义上来说,旅游观赏娱乐业在旅游产业中居于核心地位。当然,旅游产业的各个产业之间紧密联系、相互依存,缺少任何一个都会影响其他产业的发展。比如,某些偏远的山区,虽然风景怡人,但交通、通信非常不便利,其旅游产业也很难发展,这也是为什么在乡村振兴战略中强调乡村基础设施建设的重要性。因此,旅游观赏娱乐业的核心地位只是相对而言,并不是绝对的。

(三)餐饮住宿业

"食""宿"在旅游产业中也占有非常重要的地位。其中,餐饮是整个旅游线路设计的基础环节,用以满足游客物质方面的需求。当然,因为餐饮和当地饮食文化有关,所以餐饮在一定程度上也能满足游客精神文化层面的需求。旅游餐饮的种类有很多,如饭店、特色餐馆、农家乐和旅游快餐店等它们各有特点,能够满足不同游客对饮食的需求。就目前旅游餐饮发展的趋势来看,绿色化、特色化以及较高的参与性是旅游饮食发展的几个方向。绿色化是指绿色饮食,即追求饮食的绿色和安全,在人们愈加重视安全与健康的今天,纯天然、无污染的绿色饮食无疑会受到游客的喜爱。特色化饮食是指充分发挥当地的饮食特色,因为游客旅游的目的之一就是要品尝当地的特色饮食,如果饮食失去了当地特色,会大大降低游客对当地的好感度,不仅不利于当地旅游餐饮的发展,还会影响当地旅游产业的发展。

住宿业为游客提供住宿的场地，包括酒店、民宿、招待所以及小旅社等，它们各具特点，能够满足不同游客的住宿需求。此外，随着旅游形式的不断创新，住宿形式也在不断创新。除了上述几种住宿形式之外，如今也有一种提供住宿的火车旅游，虽然在住宿条件上不如固定的场所，但作为一种移动式的旅游、住宿形式具有独特性，也颇受欢迎。

（四）交通通信业

旅游是一种跨空间的活动，这就需要交通与通信的支撑，所以在旅游产业中，交通通信业同样不可或缺。正是基于对交通通信的这一认识，在大力发展乡村旅游的同时，国家同时加强对乡村基础设施的建设。根据交通运输部 2021 年印发的《农村公路中长期发展纲要》可知，到 2020 年底，具备条件的乡镇和建制村通硬化路、通客车目标全面实现，基本形成了遍布农村、连接城乡的农村公路网络。截至 2020 年 12 月，我国互联网普及率达 70.4%，较 2020 年 3 月提升 5.9 个百分点。其中，农村地区互联网普及率为 55.9%，较 2020 年 3 月提升 9.7 个百分点。近年来，网络扶贫行动向纵深发展取得实质性进展，并带动边远贫困地区非网民加速转化。在网络覆盖方面，贫困地区通信"最后一公里"被打通，截至 2020 年 11 月，贫困村通光纤比例达 98%。[①]

从某种意义上来说，没有现代交通通信业的发展，现代旅游产业的发

[①] 中国互联网络信息中心. 第 47 次中国互联网络发展状况统计报告 [R]. 北京：中国互联网络信息中心，2021.

展将受到极大的限制。当然，交通通信业囊括的范围同样十分广泛，我们并不能将交通通信业全部纳入旅游产业的范畴，而只能将其作为一个重要的组成部分考虑在内。以交通业为例，交通涉及飞机、火车、汽车等，除了旅游汽车公司、旅游巴士专线运营公司的交通工具之外，其他企业的运输工具所输送的乘客中仅仅有一小部分是以旅游为目的的。因此，我们要正确认识旅游产业与交通通信业之间的关系。

（五）旅游购物业

旅游购物品是指游客在旅游途中购买的各种物品，通常包括文化艺术品、工艺美术品、风味土特产以及旅游纪念品等。很多游客在旅游地或多或少都会购买一些商品，或者是因为商品的艺术性，或者是因为商品的文化性，抑或是因为商品的纪念性，并由此催生了旅游购物业的产生。与平时购买的商品不同，有些旅游商品虽然也具有实用性，但更多的是彰显其艺术文化特性或地域特性，这些也是最为吸引游客的地方，而且作为从异地来的游客，旅游商品还具有纪念性的特点。因此，虽然有时旅游商品的价格稍高，但很多游客仍然会选择购买，因为其蕴含的诸多价值已经超出商品本身的价值。就旅游产业而言，旅游购物业同样是核心产业之一，但就目前已经开发的旅游产品而言，仍旧存在一些问题，如同质化严重、品牌意识不足、层次性较差等，这些严重制约了旅游购物业的发展，需要引起相关从业人员的重视。

第二章　乡村旅游资源的开发与保护

第一节　乡村旅游资源阐述

一、乡村旅游资源的定义与构成

（一）乡村旅游资源的概念

1.旅游资源的定义

何为旅游资源，简单来说就是游客的旅游对象或者目的物，但该如何用文字去定义它？笔者查阅了大量的文献资料，发现不同学者和组织对旅游资源的定义也不尽相同。比如，文化和旅游部、国家技术监督局给旅游资源下的定义为自然界和人类社会凡能对旅游者产生吸引力，可以为旅游产业开发利用，并可产生经济效益、社会效益和环境效益的各种事物和因素，均称为旅游资源。[①] 谢春山则认为，旅游资源是客观地存在于一定地域空间并对旅游者有吸引力的自然存在、历史遗存和社会文化现象。[②] 邓爱民

[①] 雷晓琴，谢红梅，范丽娟.旅游学导论[M].北京：北京理工大学出版社，2018.
[②] 谢春山.旅游学[M].北京：北京理工大学出版社，2017.

等则指出，凡是能激发旅游者的旅游动机，并促使产生旅游行为，且能为旅游产业所利用并产生经济、社会及生态效益的现象和事物，都可称之为旅游资源。[①]

综合分析上述学者对旅游资源的定义，虽然在文字叙述上不同，但从上述的叙述中我们可以总结出旅游资源定义所包含的内容：

（1）旅游资源是客观存在的。

（2）旅游资源对其他地方生活的人具有一定的吸引力。

（3）旅游资源能够运用到旅游产业中，无论是当前可利用的，还是未来可利用的。

（4）旅游资源是能够产生效益的，包括社会效益、经济效益和环境效益等三个方面。

综合旅游资源的上述内容，我们可以对旅游资源下一个简要的定义：旅游资源是客观存在的，对旅游者具有一定吸引力，能够运用在旅游产业中，且最终能够产生社会、经济、环境效益的现象或事物。

2. 乡村旅游资源的概念

乡村旅游资源，从字面意思上看，在"旅游资源"的概念上加上了"乡村"两个字，但我们并不能简单地将旅游资源的概念通过"乡村"两个字进行简单的延伸。从本书第一章对乡村的解读中可知，乡村作为一个地域空间，兼具政治、文化、经济、自然等特征，是一个复杂的概念，所以需

[①] 邓爱民，孟秋莉. 旅游学概论 [M]. 武汉：华中科技大学出版社，2017.

要我们结合乡村对乡村旅游资源做更为深入的解读。

首先,我们可以先来看一些学者针对乡村旅游资源的解读,这些阐述有助于我们进一步理解旅游资源的概念。比如,王云才等从景观学的角度着手,将乡村旅游资源看作是一种景观。因此,乡村旅游资源可被看作,在乡村地域范围内能够被利用的景观及景观资源,是对乡村居民和城市居民都能够产生吸引力,并满足旅游需求的乡村事物、事件、过程、活动、人物、乡村文化、乡村民俗、口头传说、民间艺术、乡土教育等资源;乡村旅游资源的数量、类型、品位、地方性组合特征和乡村居民的友善好客等居民态度构成乡村旅游资源的主要特征,而乡村旅游资源开发程度、基础设施建设、经济更新条件等成为乡村旅游资源开发与利用的重要条件。[①]再如,唐云松分别从广义与狭义的角度对旅游资源进行了阐述:从广义上来看,乡村旅游资源是指在现实条件下,能够吸引人们产生旅游动机并进行旅游活动的各种有一定内涵和特色的自然、人文、物质及精神的乡村旅游景观,这些景观能为旅游者提供游览、观赏、知识、乐趣、度假、疗养、娱乐、休息、探险猎奇、考察研究、社会交往等功能和服务;从狭义上来看,乡村旅游资源是指在乡村地域范围内,能对旅游者产生吸引力、满足旅游需求并可产生经济、社会和环境效益的各种乡村特色景观。[②]

从上述针对乡村旅游资源的解读中,我们不难对乡村旅游资源下一个简要的定义:乡村旅游资源是在乡村这一地域范围内,对其他地区(包括

---

① 王云才,郭焕成,徐辉林.乡村旅游规划原理与方法[M].北京:科学出版社,2006.
② 唐云松.旅游资源学[M].西安:西安交通大学出版社,2019.

城镇和其他乡村）的人具有一定的吸引力，并吸引他人前来进行旅游活动，且最终能够为乡村带来经济、文化、社会、政治、生态等综合效益的客观体。当然，在理解乡村旅游资源概念的时候，有一点需要我们注意，即在社会不断演进的过程中，旅游以及乡村旅游的人数在不断改变，所以旅游资源的概念与内涵自然也会发生改变，这就需要我们不断更新自己的认知。比如，在农业旅游未兴起之前，农业仅仅是第一产业中的组成部分，并不属于旅游资源，但农业旅游兴起之后，农业逐渐成为重要的旅游资源之一，农业的产业链得到了延伸。总之，现代社会在不断发展，旅游的内涵在不断丰富，我们对旅游资源的认知也要随之不断扩充。

（二）乡村旅游资源的构成

乡村旅游资源由自然旅游资源、文化旅游资源和社会旅游资源等三部分组成，形成了一个有机的复合整体。

1. 自然旅游资源

乡村自然旅游资源是指包括地质、水文、气候、生物等在内的自然综合体。人的生产生活都是建立在自然环境基础之上的，这是其他资源要素产生的基础。我国乡村旅游资源丰富、种类多样，这在很大程度上受自然环境的影响，关于这一点笔者在之前已有多次论述，在此仅针对自然资源本身进行阐述。相较于城市而言，乡村虽然基础建设、经济发展等相对落后，但自然资源却更加丰富，这为乡村旅游的发展提供了得天独厚的自然条件。乡村旅游应积极开发自然旅游资源，但需要采取科学的方法，遵守保护的原则，不破坏自然环境。

2. 文化旅游资源

乡村文化旅游资源包括乡村民俗文化、乡村建筑文化、乡村农耕文化、乡村饮食文化等，是乡村旅游资源中最能体现乡村特点的客观体。乡村文化资源既包括物质层面的实物，如民俗建筑、农事工具等，又包括非物质层面的精神文化，如民俗、节庆活动等。我国不同地域、不同民俗之间的民俗文化资源存在差异，各地、各民族应结合自身特色进行开发，让游客能够感受到文化的差异，获得与其他地域不同的旅游体验。

3. 社会旅游资源

乡村社会旅游资源包括乡村的社会结构、经济结构、农业景观结构等。乡村社会资源同样能够凸显乡村的特色，这是在乡村长时间发展过程中逐渐形成的，具有稳定性的特征。当然，为了满足游客乡村旅游的需求，一些乡村社会资源在开发时也可融入一些现代性的内容，如乡村农业景观，为了从传统的观光式向体验式转变，开发者应加入一些体验性的项目，让游客既可以观光，又可以体验农事活动，从而使游客形成更加深刻的旅游体验。

需要说明的是，乡村旅游的上述三个部分并不是相互割裂、截然分开的，而是彼此联系、相互融合的，它们共同构成了乡村旅游资源这个有机整体。

二、乡村旅游资源的特点

（一）民族性

我国是一个多民族国家，而不同的民族在长期的发展中形成了不同的文化。虽然在现代化的进程中，随着各民族之间的交流日益增多，不同民族之间的文化或多或少融合了其他民族文化的元素，但总体而言，仍然保留着本民族的特色，尤其是一些地理位置较为偏远的乡村，其文化特色保留得更为完整。这些各具特色的民族文化赋予了乡村旅游独特的魅力，吸引着对民族文化感兴趣的游客。在某种程度上，当地旅游资源的吸引力与当地文化的民族性呈正相关，即民族性越强，对游客的吸引力越强，越有助于当地旅游产业的发展。

（二）系统性

乡村旅游资源由自然旅游资源、文化旅游资源和社会旅游资源等三个部分组成，三者之间共同构成了乡村旅游资源这个有机整体，任何一个要素受到影响，其他要素都会受到影响，进而影响当地旅游产业的发展。乡村资源的这种系统性决定了在乡村旅游资源的保护中，人们应该站在长远发展的角度，从整体出发，切忌只考虑短期利益，而忽视对某一要素的保护。

（三）广泛性

我国地域幅员辽阔，除了高山、沙漠等自然条件极为苛刻的地区外，其他地区大多能够满足人类居住的需求，所以也大多存在人类的足迹，而有人类居住的地方必然会产生相应的景观，这些遍布全国各地的景观为旅游产业的发展提供了条件。我国作为一个农业大国，这些景观自然有不少存在于乡村中，并成为乡村重要的旅游资源。因此，从地理空间分布的角度来看，乡村旅游资源也具有广泛性的特点。

（四）多样性

乡村旅游资源的多样性体现在多个方面。从乡村旅游资源的形态来看，乡村旅游资源既表现为农、林、牧、渔等农业类型的景观，又表现为民俗文化、节庆活动等文化类景观，还表现为五彩缤纷的民族文化景观；从乡村旅游资源的内容看，乡村旅游资源既包括自然旅游资源，又包括文化旅游资源，还包括社会旅游资源。因此，多样性也是乡村旅游资源的基本特点之一。

（五）脆弱性

乡村文化资源的脆弱性体现在两个方面：一是乡村生态资源的脆弱性，二是乡村文化资源的脆弱性。首先，就乡村生态资源来说，生态资源的原始性是吸引城镇居民的一个重要原因，这种原始性之所以得到维持，是因为以前并没有人对其进行开发，外来参观的人也非常少，而一旦对其进行开发，不可避免地会对其原始性造成破坏。其次，就乡村文化资源的脆弱性来说，这是在城市文化影响下逐渐凸显的一个特征。因为乡村文化在长时间内显示的是较强的稳定性，但城市文化出现之后，乡村文化的稳定性逐渐消解，并呈现一定的脆弱性。因此，面对城市文化的影响，保护和继承乡村文化就显得非常重要且迫在眉睫。

三、乡村旅游资源的分类

面对乡村旅游的热潮，国内外不少学者对乡村旅游资源进行了分类。由于乡村旅游资源的多样性，目前对乡村旅游资源的分类并没有统一的标准，但对乡村旅游资源进行分类具有非常积极的意义，不仅能够更好地发挥旅游资源的核心竞争力，而且可以将其竞争力转化为现实的旅游需求。因此，笔者在综合众多学者分类的基础上，依据不同的分类标准，对旅游资源进行了如下分类：

（一）依据资源的属性分类

依据乡村旅游资源的属性可将旅游资源分为自然旅游资源、文化旅游资源和社会旅游资源等。依据乡村旅游资源的属性分类是目前最常用的分类方式，这种分类方式也常用于乡村旅游资源构成的阐述中。笔者在前文针对乡村旅游资源构成的论述便是采用这一分类方式，也分别针对自然旅游资源、文化旅游资源和社会旅游资源进行了论述，所以在此不再赘述。

（二）依据资源的可再生性分类

依据资源的可再生性可将乡村旅游资源分为可再生资源与不可再生资源两类。

1.可再生资源

乡村旅游资源中的可再生资源是指被消耗或者遭受适度毁坏后，能够通过某些适当的途径将其恢复或者人工再造的资源。比如，乡村中的农业资源，游客在体验的过程中会产生消耗，但在下个播种季节之前，通过人工的播种便可以恢复。再如，一些仿造的建筑，有些乡村具有深厚的历史文化底蕴，但历史上的建筑早已不在，而为了凸显当地的历史文化底蕴，往往会选择仿造一些历史建筑，这些建筑因为是现代仿造的，并没有历史和文化价值，也属于可再生资源。

2. 不可再生资源

乡村旅游资源中的不可再生资源是指被消耗或者遭受毁坏后不可恢复或不能人工再造的资源。在乡村旅游资源中，有很多都是不可再生的，如传统建筑，虽然在损毁之后可以重建，但两个建筑已经属于不同的事物，其文化内涵和历史价值也截然不同。此外，一些自然资源也属于不可再生的，如特殊的地貌，是经过上千年甚至是上万年才形成的，一旦损毁，将不可能再恢复。乡村旅游资源中的不可再生资源为旅游开发者敲响了警钟，即在开发旅游资源时，要始终坚持"保护—开发—保护"的规划路线，从而确保旅游产业能够可持续发展。

（三）依据资源的开发现状分类

依据乡村旅游资源的开发现状可将乡村旅游资源分为已开发旅游资源、待开发旅游资源和潜在旅游资源等三类。

1. 已开发旅游资源

顾名思义，已开发旅游资源是指已经被开发的旅游资源，这些资源是支撑当前旅游产业发展的基础。由于种种主客观原因的影响，已开发的资源中有些已经具有了非常高的知名度，有些知名度仍旧较低。对于资源知名度较高的乡村，游客自然是络绎不绝，所以如何在保证经济收益的同时，确保资源的可持续性是需要思考的一个问题。而对于资源知名度较低的乡村，游客量相对较少，所以如何提高其知名度，以提高综合效益是需要思考的主要问题。

2. 待开发旅游资源

待开发旅游资源是指对外界已经产生一定的影响力但仍未开发的资源，此类旅游资源虽然还没有开发，但却有了开发计划，当时机成熟时，便会将其作为重要的旅游资源进行开发。对于此类旅游资源，切忌盲目开发，一定要做好开发规划，走"保护—开发—保护"的开发路线，而不是"开发—效益"的路线。

3. 潜在旅游资源

潜在旅游资源是指没有对外界产生影响力且没有开发的资源。从某种意义上来说，潜在旅游资源和待开发旅游资源都属于未开发旅游资源，只是两者的程度不同。潜在旅游资源虽然没有对外界产生影响力，但具有开发的潜力。其实，在很多乡村中都存在潜在的旅游资源，因为它们已经渗透到人们的生活中，所以很多人会将其当作习以为常的事物，但对于其他地区的人而言，这些事物也许具有很强的吸引力。当然，开发潜在的旅游资源存在一定的风险，所以开发之前应做好权衡，即成本与效益的权衡，切忌盲目开发，不然会适得其反。

（四）依据旅游资源的管理登记分类

依据旅游资源的管理等级可分为世界级乡村旅游资源、国家级乡村旅游资源、省级乡村旅游资源和市级乡村旅游资源等。将乡村旅游等级按照管理等级分类便于掌握旅游资源的重要程度及其可能对游客产生的吸引力。

1. 世界级乡村旅游资源

世界级乡村旅游资源属于最高等级的旅游资源，这些资源能为已消逝的文明或文化传统提供独特的、特殊的见证，或者代表一种独特的艺术成就，或者展示出人类历史上一个（或几个）重要阶段。世界级乡村旅游资源大多被选入联合国《世界遗产名录》中，如皖南古村落——西递、宏村，它们的村落选址、布局和建筑形态，都以周易风水理论为指导，体现了"天人合一"的中国传统哲学思想和对大自然的向往与尊重；那些典雅的明、清民居建筑群与大自然紧密相融，创造出一个既合乎科学，又富有情趣的生活居住环境，是中国传统古村落的精髓。

2. 国家级乡村旅游资源

国家级乡村旅游资源在全国具有较高的知名度，且具有该级别旅游资源的乡村大多发展为全国乡村重点旅游村镇，为带动当地经济发展以及农民就业发挥了积极的作用。以安徽省为例，安徽省文化和旅游厅、安徽省发展和改革委员会在 2021 年联合公示了安徽省的全国乡村旅游重点村镇，具体如表 2-1 所示。

表 2-1 安徽省全国乡村旅游重点村镇

安徽省全国乡村旅游重点村	黄山市徽州区潜口镇唐模村
	滁州市南谯区施集镇井楠村
	芜湖市湾沚区六郎镇官巷村
	池州市青阳县朱备镇将军村
	安庆市岳西县河图镇南河村
	淮北市杜集区矿山集街道南山村
	蚌埠市怀远县龙亢镇龙亢村
安徽省全国乡村旅游重点镇	黄山市黟县宏村镇
	安庆市潜山市天柱山镇
	芜湖市湾沚区红杨镇

3.省级乡村旅游资源

省级乡村旅游资源通常在本省内具有较高的知名度，在省外的知名度相对较低，所以依靠省级乡村旅游资源发展的旅游村主要吸引"3小时经济圈"内的游客，游客也以自驾的方式为主。同样以安徽省为例，依靠省级乡村旅游资源发展起来的示范性乡村有一百余家，具体名单可参见安徽省文化和旅游厅 2020 年 3 月 25 日公布的《安徽省百家乡村旅游（扶贫）示范村名单》，笔者在此不再列举。

4.市级乡村旅游资源

相较于前三者而言，市级乡村旅游资源的知名度较低，一般对本市范围内的游客具有较强的吸引力。市级乡村旅游资源的数量相对较多，且规模一般不大，虽然其产生的综合效益不如前三者，但覆盖的范围较大，惠及的农民较多。就目前我国市级乡村旅游资源开发现状来看，由于地理因素的限制，市级范围内旅游资源的差异性较小，这导致乡村旅游产业发展存在较高的同质化现象，因此如何形成特色化是市级乡村旅游资源开发应该思考的一个关键问题。

第二节　乡村旅游资源的开发

一、乡村旅游资源开发基础

（一）乡村旅游资源开发的原则

1. 开发保护相结合原则

乡村旅游资源的开发为旅游产业发展提供了必要的资料，但因为乡村中很多旅游资源都是不可再生的，面对这些不可再生的资源时，人们应秉承开发与保护相结合的原则。开发是目的，也是发展旅游产业的必然途径，但必须坚持保护这个前提，尤其在面对不可再生的旅游资源时，更要始终坚持保护的原则，否则不仅会对当地的生态环境、文化环境等造成影响，更会影响旅游产业的发展，这显然违背了可持续发展的理论。

2. 效益综合性原则

乡村旅游产业具有经济、文化、社会、生态等综合性效应，这是很多产业所不具备的特点，也是乡村大力发展旅游产业的一个原因。就乡村旅游产业的经济属性来看，经济效益最为突出，也最受人们关注，但经济仅仅只是一方面，我们不能只追求经济上的效益，只从经济的投入、产出评估旅游资源的开发，这样显然是片面的。一个地区的发展，经济只是一个部分，社会、文化、生态等都会影响其整体发展，因此应从宏观的角度，综合考虑乡村旅游资源开发的综合效益。另外，就旅游产业而言，其经济效益本身也受文化、社会、生态等多种因素的影响，当文化、社会、生态等因素产生正向的效益时，自然也会刺激经济效益的提高。因此，无论是从产业发展的微观视角看，还是从地区发展的宏观视角看，乡村旅游资源的开发都应该坚持效益综合性的原则。

3. 特色性原则

乡村旅游资源的特色性是其吸引人们的一个重要原因，这是乡村旅游的魅力所在。在开发乡村旅游资源时，要保持乡村旅游资源的特色性，展示乡村特有的风景和民俗，让游客体验乡村旅游的独特之处。当然，在开发乡村旅游资源时，出于某些特殊的原因，人们可以对乡村旅游资源进行适当的加工改造，但这种改造一定不能抹杀乡村旅游资源原有的特色，要在原有特色美的基础上进行科学、合理的人工改造，这样才能起到锦上添花的作用。

（二）乡村旅游资源开发的意义

1. 促进城乡文化的交流

由于历史、经济、生态环境等方面的不同，造就了城市文化与乡村文化的不同。生活在城市中的人，对乡村文化不甚了解，而生活在乡村的人对城市文化也不是十分了解。虽然，随着社会的不断发展，城市文化与乡村文化开始出现碰撞，生活在城市与乡村中的人也开始对彼此的文化有了一定了解，但这种了解更多还停留在表面上。乡村旅游资源的开发，能够促进乡村旅游的发展，能够让更多生活在城市中的人进一步了解乡村文化；与此同时，生活在乡村中的人通过与前来旅游的人交流、沟通，也能够进一步了解城市文化。从乡村振兴战略可知，城乡融合发展是乡村发展的一个途径，而城乡文化的交流对推动城乡融合、推动乡村振兴无疑具有非常积极的意义。

2. 推动乡村经济的发展

正所谓经济基础决定上层建筑，就乡村而言，近些年虽然在一系列的政策支持下，乡村经济发展取得了不错的成果，但与城市相比，仍然有一定的差距，所以还需要进一步推动乡村经济的发展。乡村旅游资源的开发能够带动乡村旅游产业及其相关产业的发展，而这些产业的发展除了能够带动乡村经济的发展之外，还能够促进乡村劳动力就业，进而提高当地农民的经济收入。

3. 促进乡村文化的保护传承

关于乡村文化，笔者在前面做了系统的论述，这是乡村重要的旅游资源。通过合理开发这些资源，不仅能够促进当地旅游产业的发展，还能够借助旅游渠道向外传播当地的特色文化。就文化而言，价值是其存在的一个重要因素。在现代化社会中，乡村文化中的很多文化价值已经逐渐被人们淡化,这是造成乡村文化衰落,甚至消亡的一个重要原因,也是我们必须正视的一个原因。而将乡村文化开发成旅游资源,能够直观地提升其价值,并且当这些乡村文化产生一定的影响力后,其内在价值也会被逐渐挖掘,这对于乡村文化的保护与传承而言意义重大。

4. 带动乡村旅游产业及其相关产业的发展

乡村旅游资源是乡村旅游产业发展的重要资料,与城市旅游资源相比,乡村旅游资源没有科技属性,但拥有文化属性、民族属性,这些才是乡村旅游资源的特色,也是乡村旅游资源的魅力所在。但乡村旅游资源也存在开发难度大、开发周期长等缺点,这些都限制了乡村旅游产业的进一步发展。随着游客对乡村旅游热情的逐渐提高,市场需求被逐渐扩大,越来越多的乡村旅游资源将会被开发,进而带动乡村旅游产业及其相关产业的进一步发展。

(三)乡村旅游资源开发的流程

乡村旅游资源开发大致分为三个阶段:调查研究阶段、统筹规划阶段和推进实施阶段。

1. 调查研究

旅游资源开发是发展乡村旅游的基础,是否可以开发、应该怎样规划开发计划,这些都需要对旅游资源进行调查后才能够确认。因此,乡村旅游资源开发的第一步应该是对乡村旅游资源进行深入且全面的调查。调查前期可联合该地农业、林业、交通、旅游等部门获取相关资料信息,从中挖掘有价值的信息。然后，结合各部门提供的信息进行实地考察，包括对乡村旅游资源、文化、经济、社会环境等各方面的考察。在资料收集完成后，对乡村旅游资源以及旅游项目进行分析、论证，确定旅游资源开发的可行性以及旅游项目成立的可行性。

2. 统筹规划

乡村旅游资源开发是一项需要做长期考量的工程，需要对乡村旅游资源做广度、关联度、组合度以及开发条件等综合性考量，这就需要在开发前对乡村旅游资源做全面的统筹与规划。具体来说，乡村旅游资源开发前期的统筹规划主要包括旅游规划设计的基本内容、旅游规划设计需要的技术资料和图文资料、旅游规划设计专家系统，以及旅游规划设计工作的主要内容、时间安排、经费预算等。

3. 推进实施

在对旅游资源开发进行统筹规划之后，开发者便可以按照规划推进实施，而在具体落实的过程中，主要从如下几个方面着手。

（1）旅游项目建设。乡村旅游资源开发的首要目标是建立相应的旅游项目。旅游项目是促进乡村旅游发展的基础，也是吸引游客的关键所在。在旅游项目建设时要保持当地的文化特色，凸显当地的优势，制造不同类型的旅游产品，尽可能避免同质化现象的出现。

（2）基础设施建设。旅游是一项复杂的社会性活动，仅仅有旅游项目并不能对游客形成完全的吸引力，还需要较为完善的基础设施支撑。目前，在乡村振兴战略的指导下，乡村基础设施建设不断趋于完善，尤其在交通、通信等方面的建设，已经取得了不错的成效，这为乡村旅游的发展奠定了良好的基础。但就旅游而言，基础设施还包括吃、住、游等方面，这就需要发展旅游产业的乡村进一步加强吃、住、游等相关方面的基础设施建设，从而为游客提供良好的旅游体验。

（3）科学的管理。科学的管理是确保乡村旅游资源开发规划精确落实的关键。在乡村旅游资源开发过程中，有时会出现具体落实与规划不匹配的情况，进而导致旅游资源开发以及后续旅游产业的发展没能达到预期的效果。因此，为了避免具体实施过程中出现越位操作、过度开发情况的出现，开发者必须进行科学的管理，保证开发人员严格按照规划落实。

二、不同类型乡村旅游资源的开发

（一）乡村山地旅游资源的开发

1. 乡村山地旅游资源开发的模式

就国内乡村山地旅游资源开发的模式来看，依据不同的标准，有不同的开发模式。

（1）研究山地旅游目的地的不同。依据山地旅游目的地的不同，乡村山地旅游可分为一般自然风景区山地旅游和历史风景名山山地旅游。一般自然风景区山地通常没有深厚的历史文化底蕴，但具有丰富的山地旅游资源，其优美的山地生态环境对游客而言具有非常大的吸引力，所以该种类型旅游资源的开发一定要注重山地的生态环境，不能对山地生态环境造成危害，确保可持续发展。历史风景名山除了具有良好的山地生态环境之外，还具有深厚的历史文化内涵。对于深受传统文化影响的中国人而言，这些深厚的历史文化内涵是一种精神和文化的象征，所以历史风景名山山地旅游也可以看作是一种文化旅游。

（2）依据山地旅游活动类型的不同。依据山地旅游活动类型的不同，可分为山地观光、山地观光和生态休闲相结合两种形式。山地观光是传统的山地旅游形式，以观光游览为主要内容，这种旅游模式的参与性和休闲性较弱，旅游资源的开发主要围绕山地资源，很少站在游客的角度进行思考。而山地观光和生态休闲相结合的形式则在考虑山地资源的同时，也考虑到了游客的旅游体验。为了让游客获得更好的旅游体验，除了观光项目之外，还增加了一些休闲项目，让游客在"游"与"玩"的结合中得到更好的旅游体验。

2. 乡村山地旅游资源开发策略

从我国当前乡村山地旅游资源开发的实例来看，有些乡村山地旅游资源虽然取得了成功，在保持生态平衡的基础上带动了当地经济的发展，但也存在一些山地旅游资源过度开发影响生态环境的例子。因此，为了实现山地旅游资源可持续发展，这里提出如下几点建议：

（1）尊重自然规律。在我国农业发展的几千年时间里，认识自然规律、尊重自然规律是我们始终遵循的原则。在现代化社会中，虽然人类的科学技术在不断发展和进步，但尊重自然规律这一原则不能改变。在乡村山地旅游资源开发中，开发者同样要尊重自然规律，根据山地的地理环境与生态区位，因势利导，保护性地进行开发，尤其对一些生态环境脆弱的地区，小小的改造都有可能对生态环境造成破坏，这不仅不利于旅游产业的可持续发展，甚至还会因此诱发不可挽回的损失。因此，在乡村山地旅游资源的开发中，要充分认识并尊重自然规律，构造人与自然和谐相处的环境。

（2）多角度进行开发。山地旅游资源的美是多层次、多角度的，山地旅游资源的开发要认识到这一点，从多个角度对乡村山地旅游进行开发，从不同的层面向游客展示当地山地资源的美，从而提升对游客的吸引力。然而，就目前乡村山地旅游资源开发的现状来看，很多地方都没有认识到这一点，旅游资源开发模式单一，这样不仅造成了资源的浪费，还降低了对游客的吸引力，不利于当地旅游产业的发展。事实上，就山地而言，其景观变化多端，在不同季节、不同时段，其景观呈现的样貌可能天差地别，如果能够将这些向游客呈现出来，必然能够收到不错的效果。例如，浙江雁荡山灵峰的夜景，其朦胧之美妙不可言，该景区对其夜景进行了开发，并将其打造成雁荡山的三绝之首，为游客津津乐道。

（3）自然人文价值融合发展。由于受传统山水文化的影响，人们对山地不自觉地会形成一种心理定式的观赏习惯，如"天人合一"的思想观念、含蓄隐藏式的心理倾向等。此外，有些山地也存在一些历史文化古迹，这些古迹更增加了山地的历史文化底蕴。因此，在开发乡村山地旅游资源时，开发者要注重将其自然价值和人文价值结合起来,让游客在游玩的过程中,同时感受到自然的生态美以及人文的底蕴美。

(4)合理设计旅游线路。有些地区的山地旅游资源较少,在设计旅游线路时,可以将所有的资源规划到一条线路中,游客通过一条线路便可以观赏到该景区的全部景观。但有些地区的山地旅游资源非常丰富,一条线路不能将全部的资源囊括在内,这时就需要结合旅游资源设计多条旅游线路。不同的游客有着不同的旅游需求,为了满足游客的旅游需求,开发者在设计路线时应突出不同路线的特点,让游客结合自身需求选择自己喜欢的路线。

(二)乡村古村落旅游资源的开发

1. 乡村古村落旅游资源开发模式

目前,我国乡村古村落旅游资源开发模式依据开发主体的不同分为政府主导型、社区主导型、企业主导型和混合开发型等四种模式。

(1)政府主导型。政府主导型开发模式是由政府投资开发,因为很多古村落知名度较低、基础设施建设较为落后,企业不愿意投入资金,所以只能由政府主导进行前期的开发工作。在该模式中,政府发挥主导作用,指导相关工作的落实,并予以监督,保证乡村旅游资源开发工作科学有序进行。

(2)社区主导型。社区主导型开发模式是由古村落的村民与村委会自筹资金、自主开发。在该模式中,乡村自主设立旅游公司,公司负责旅游资源开发、旅游宣传、设施维护等一系列的工作，村民共同分配集体收入。

（3）企业主导型。企业主导型开发模式是由某个企业或多个企业投资开发，企业负责旅游资源开发、旅游宣传、设施维护等一系列工作。该种模式一般采用租赁经营的形式，企业租赁古村落的旅游资源，然后付给村民租赁费用，或者采用收入分成的形式。

（4）混合开发型。混合开发型模式表现为政府、企业、村民共同参与其中，政府负责制度设计、政策支持和市场监督，企业负责资金投入和后续的开发、建设工作，村民参与经营。这种混合开发型的模式综合了上述几种开发模式的优点，是当前及今后应大力提倡的开发模式。

2. 乡村古村落旅游资源开发策略

古村落是乡村旅游中的重要旅游资源，具有深厚的历史底蕴与文化底蕴，如何在保持其文化底蕴和历史底蕴的基础上开发该旅游资源，是需要着重思考的一点。

（1）维持古村落原始风貌，进行适当修缮。古村落的原始风貌能够反映该乡村的历史底蕴，在进行开发时，开发者应尽可能维持古村落的原始风貌，这样能够为游客呈现最真实的古村落景观。当然，由于种种原因一些传统建筑已经有不同程度的破损，需要对其进行适当的修缮。在修缮时，开发者需要对村落的古建筑进行摸底调查，了解现存古建筑的保存情况，包括破损程度、修缮需要的工作量等，然后聘请专业的建筑单位制订详细的修缮计划，最后在尽可能保持传统建筑原貌的基础上进行适当修缮。

（2）发挥传统民俗价值，强化古村落文化内涵。古村落具有历史价值和文化内涵，其文化价值不仅通过古建筑本身呈现，还通过当地的民俗文化呈现。就古村落而言，如果传统民俗文化消失，那么存留下的古建筑只能是没有软文化的空壳，其对游客的吸引力必将大大降低。因此，在开发古村落旅游资源时，开发者不能只关注"死"的传统建筑，还需要关注"活"的传统民俗，以此强化古村落的文化内涵。

（3）充分利用古村落的自然环境资源，营造自然和谐的氛围。很多传统古村落在选址及布局上彰显了"天人合一"的传统价值观，虽然随着时间的流逝，古村落的自然环境在不断改变，但我们仍然能够从古村落的自然环境中看到前人智慧的痕迹。因此，在开发乡村古村落旅游资源时，开发者应充分利用古村落的自然环境资源，营造自然和谐的氛围，从而将古村落旅游与生态旅游融为一体。

（4）统筹古村落与新村的建设工作，构建完善的旅游体系。古村落的开发应以保护为前提，且为了维持古村落的原貌，古村落很少会进行基础设施建设，所以古村落并不能作为服务游客的场所。如今，很多古村落采取古村落与新村共生的模式，即利用古村落吸引游客，用新村较为完善的基础设施建设服务游客，这样既可以满足发展旅游产业的需求，又可以达到保护古村落的目的，可谓一举两得。

（三）乡村民俗文化旅游资源的开发

1. 乡村民俗文化旅游资源开发模式

针对乡村民俗文化旅游资源的开发，目前，我国主要有如下两种模式：

（1）直接利用当地民俗文化资源进行开发。该类开发模式依托当地的民俗文化，不改变原有居民的生活轨迹，游客可以直接进入乡村内，直观体验当地的民俗文化，获得最为真实的文化体验。尹绍亭曾指出，民族文化生态村"不是一座人工建设的文化展馆和设施，而是以现实社会中具有浓厚的文化沉积和浓郁文化色彩的典型社区或乡村为对象的文化保护展示区，即文化生态村必须是现实存在的活文化与孕育产生此文化的生态环境的结合体，它一改以往使文化脱离原生地的保护方式，而实行彻底的文化原地保护主义"。[①]

（2）建设民俗文化村集中呈现。该种开发模式是将民俗文化集中到一个新建的旅游景区内，景区通过展示民间手工艺、民俗风情表演等多角度向游客展示传统民俗文化，让游客在短时间内便可以充分感受到民俗文化与民俗风情。例如，建于深圳的中国民俗文化村便是一个荟萃各族民俗文化的大型文化旅游景区，该景区内含有27个民族与27个村寨，均按照1∶1的比例建成，较为完整地呈现了各民族的民俗文化。

2. 乡村民俗文化旅游资源开发策略

民俗文化作为重要且独具特色的旅游资源，在开发时应着重思考如下

---

① 尹绍亭.民族文化生态村云南试点报告[M].昆明：云南民族出版社，2002.

几点：

（1）做好全面、系统的评估。民俗文化不同于其他旅游资源，具有深厚的文化属性，开发前应做好全面、系统的评估，合理开发、充分利用。第一，需要对民俗文化的旅游价值进行评估，民俗文化作为旅游资源被开发，首先要评估其旅游价值，即能否为旅游产业的发展带来综合性的效益。第二，需要对民俗文化的旅游市场进行评估，即对游客的类型、游客的来源、游客的消费水平、周围与之相配套的旅游资源等进行分析，市场需求是民俗文化旅游资源开发的一个重要着眼点。

（2）遵循原生态的开发原则。原生态的民俗文化才能彰显当地文化的特色，也才能对游客产生较强的吸引力，尤其在文化旅游趋于同质化的今天，如何发挥当地旅游资源的特色，是旅游资源开发时需要考虑的问题。显然，遵循原生态的开发原则，将当地的民俗文化原汁原味地呈现给游客，是彰显当地文化特色的重要途径。

（3）坚持可持续发展。坚持可持续发展，不仅要将民俗文化作为旅游资源进行开发，更要将民俗文化作为文化资源进行保护和传承。民俗文化是乡村文化的集中体现，在长时间的发展中，已经融入乡村人民的生产生活之中，它是一种"活"的文化，是一种需要保护和传承的文化。开发民俗文化时不能将其当作一种"死"的文化，仅仅将其生硬地展示给游客，这样既不利于民俗文化的保护与传承，又不符合可持续发展的理念。因此，在开发民俗文化时，开发者要进一步弘扬民俗文化，让更多居民加入民俗文化保护与传承的队伍中，从而使民俗文化旅游在民俗文化的持续传承中实现可持续发展。

（四）乡村农业旅游资源的开发

1. 乡村农业旅游资源开发模式

以农业作为旅游资源是目前乡村旅游模式中较为常见的一种，因为农业资源是乡村最基本的资源，也是大多数乡村所具备的资源。目前，我国针对乡村农业旅游资源开发的模式主要有如下两种：

（1）生态农业园开发模式。生态农业园不同于传统的农业园地，其建设是基于生态、环保的绿色理念，在发展上遵循生态价值与社会价值相融合。生态农业园在注重农业产品生产的同时，也注重给参观人员带去休闲观光的旅游享受。

（2）主题农业园开发模式。主题农业园借鉴的是主题公园的建设理念，突出的是"主题"二字。与生态农业园不同，生态农业园突出的是农业生态的整体性，而主题农业园突出的是农业的某一个主题。比如，蔬菜主题农业园，里面的农作物主要为蔬菜，可以规划蔬菜观赏区、蔬菜种植体验区和蔬菜文化区等三个区域。在蔬菜观赏区种植各种类型的蔬菜，在蔬菜体验区可以体验蔬菜种植、采摘，在蔬菜文化区介绍蔬菜的发展历史。主题农业园不仅能够为游客带来视觉上的盛宴，还可以给游客带来亲身体验，并增长见识，深受游客的喜爱。

2. 乡村农业旅游资源开发策略

（1）突出农产品的绿色生态。农产品是重要的农业旅游资源之一，在农业旅游中，采摘农产品是农业旅游中的一项休闲体验方式。对于游客而言，绿色农产品具有非常强的吸引力，如果在开发农业旅游资源时，开发者能够突出农产品的绿色生态性，无疑能够满足游客对绿色农产品的需求。试想，游客在休闲旅游中，能够自己采摘农产品，并进行品尝，其体验感将远远超过传统的农业观光旅游，再加上绿色农产品在心理上的满足，其体验感将会进一步提升。

（2）始终以农产品为基础。农业旅游是以农业生产为基础，附加了休闲旅游的价值，从而使农业生产的综合收益得以提高。在农业旅游中，农业生产是基础，而农业生产的基础是农产品，没有农产品，农业生产只是一个空壳，也就无法发挥其价值。无论是传统的农业观光旅游，还是新兴的农业体验旅游，都是围绕农产品展开的。因此，在开发农业旅游资源时，开发者不能忽视了农产品这一基础资源而去舍本求末，这样反而会失去农业旅游的本色。

（3）充分发挥农业旅游资源的丰富性。我国具有几千年的农业发展历史，形成的农耕文化可谓丰富多彩。就农业旅游资源来说，有种植业资源、畜牧业资源、林业资源、渔业资源等，而且每一类资源的品种也非常多，这就为农业旅游的发展提供了丰富的旅游资源。另外，就农业旅游的服务形式来讲，有观赏型、购物型、体验型、娱乐型等，开发农业旅游资源时，开发者可以以某种形式为主,也可以将几种形式融合起来,以此凸显农业旅游的丰富多彩。

第三节 乡村旅游资源的保护

一、乡村旅游资源开发与保护的辩证关系

(一)开发与保护相互联系、相互依存

在前文,笔者多次提及保护性开发这一理念。在这一理念中,保护与开发融合到了一起,很好地说明了保护与开发是相互依存、相互联系的关系。在保护性开发中,保护在前,开发是为了更好地保护,任何开发行为都不能以破坏为前提,否则便违背了保护性开发的初衷。另外,旅游产业追求的是可持续发展,破坏性的开发显然不能满足可持续发展的要求,因此必然要以保护为前提。但是,当我们把"开发"与"保护"看作两个动词时,则是开发在前(是前提),保护在后(是目的),因为只有开发,才能凸显资源的价值,也才能使资源得到更好的保护。以乡村旅游资源中的乡村文化为例,价值是其存在的一个重要因素,在现代化社会中,乡村文化中的很多文化价值已经逐渐被人们淡化,这也是造成乡村文化衰落甚至消失的一个重要原因。而将乡村文化开发成旅游资源能够直观地提升其价值,并且当这些乡村文化产生一定的影响力后,其内在价值也会被逐渐挖

掘，这无疑有助于乡村文化的保护。

总而言之，保护乡村旅游资源是我们必须坚持的原则，但在具体的落实中，我们不能只推崇博物馆式的保护方式，还需要结合开发的方式。开发也是保护的一种途径，二者并不是对立的，而是相互联系、相互依存的关系。

（二）开发与保护相互矛盾

开发与保护在相互联系、相互依存的同时，又是相互矛盾的。就乡村旅游资源的开发而言，开发不可避免地会对其造成某种程度的破坏，尤其对于一些原始的生态环境而言，开发便代表着外力的介入。当外力介入之后，必然会打破原有的生态平衡，进而对原生态环境造成破坏。此外，伴随乡村旅游资源的开发而发展起来的旅游产业会吸引大量的游客，而游客的不文明行为，如乱丢垃圾、乱画乱刻等，会对当地的生态环境造成破坏。与此同时，游客带来的文化也会对当地的民俗文化造成冲击，这也会破坏当地旅游资源。为了避免上述情况的出现，开发者可以采取更多的保护措施，但过度保护无疑会妨碍开发，因为乡村旅游资源的开发除了要考虑资源本身之外，还应该考虑市场，这就不可避免会地与资源保护产生矛盾。

综上所述，乡村旅游资源的开发与保护之间的关系是复杂的，我们不能简单地用二元对立的关系去看待它们，而应辩证地看待二者的关系，只有正确认识这种关系，才能更好地开发和保护乡村旅游资源。

二、乡村旅游资源遭受破坏的原因

要想有效地保护乡村旅游资源，首先要对乡村旅游资源遭受破坏的原因有一个清楚的认知。虽然造成我国乡村旅游资源破坏的原因是复杂的，但概括而言，可以归纳为自然与人为两大因素。

（一）自然因素

由自然因素导致乡村旅游资源遭受破坏的情况并不少见，其中较为常见的情况有如下两种：

1. 自然灾害

自然灾害是人类赖以生存的自然界中所发生的异常现象，分为突发性灾害，如地震、洪涝、泥石流等；渐变性灾害，如干旱、地面沉降、土地沙漠化、海岸线变化等。渐变性自然灾害因为发生周期较长，我们可以通过人工进行干预，从而最大限度地降低其危害程度。而突发性自然灾害因为难以预测，发生时往往会对乡村旅游资源造成较大破坏，有时甚至会造成毁灭性的破坏。比如，一旦发生级数较高的地震，便极有可能破坏乡村的古建筑与生态环境，从而使乡村旅游资源遭受重大破坏。

2. 生物性破坏

生物性破坏在农业旅游资源中较为常见，即农、林、牧、渔等旅游资源遭受害虫的破坏。农业旅游依赖农、林、牧、渔等资源，但这些资源容易受到害虫的破坏。比如，以森林草原为主要旅游资源的西北部地区常年发生鼠害，这对当地的畜牧业以及依靠畜牧业发展的旅游产业造成了严重的影响。生物性破坏还体现在动物对历史建筑物的损害上，虽然并不常见，却偶有发生。如"国家级历史文化名村"山头下村的一些古建筑曾遭受白蚁大面积侵蚀，对古建筑的安全构成了极大的威胁。对于生物性破坏的预防，我们能够人为进行干预，尤其随着科学技术的不断发展，一些防治虫害的高科技手段不断涌现，这为乡村旅游资源的保护提供了科学技术支持。

（二）人为因素

相较于自然因素而言，人为因素更值得引起我们的关注，一是人为因素是造成乡村旅游资源遭受破坏的主要因素，二是人为因素造成的破坏可以通过一些措施去干预。人为因素是复杂的，其中较为明显的有如下几种：

1. 开发因素

随着乡村旅游的热度不断上升，越来越多的乡村旅游资源被开发，而在开发的过程中，很多开发者对于开发和保护的关系没有一个深刻的认知，盲目开发，或者进行过度的开发，导致乡村旅游资源被破坏。从上文笔者对开发与保护关系的论述中可知，开发并不是独立的行为，它应该和保护紧密地联系到一起。但很多时候，开发者并没有认识到这一点，仅仅是为了开发而开发，这是导致乡村旅游资源遭受破坏的一个重要原因。此外，有些开发者在开发本地旅游资源时，一味地跟风模仿，抹去了当地旅游资源的特色，这给乡村旅游资源带来了质的破坏。

2. 旅游活动因素

旅游活动因素包括游客的活动和经营者的活动。随着旅游资源的开发，游客的数量也会不断增加，大量的游客活动不可避免地会对旅游资源造成影响；再加上有些游客环保意识较差，在游玩的过程中常常会出现乱丢垃圾、乱写乱刻等情况，进而加重了游客活动对旅游资源的破坏。而景区的经营者为了满足游客吃、住、玩等方面的需求，需要建设酒店、饭店等接待设施，这些设施会产生大量的生活垃圾和生活污水，如果处理不当，必然会对生态环境造成影响。旅游活动的产生是一种必然，一些对旅游资源造成危害的因素我们也很难避免，但通过采取一定的措施，我们可以将大部分因素带来的危害降到最低，甚至消除。

3. 城市化因素

城市化因素的影响体现在两个方面。一方面，在城市化建设的理念下，为了满足城市化建设的需求，一些村落被迫迁移，但村落的迁移并非易事，那些不易迁移的古建筑最终只能面临被拆掉的命运。在现代社会中，城市化建设是一种必然，我们无法简单地对城市化建设中拆除古建筑这一现象下一个是非对错的定论。但古村落传统建筑作为保存了几十年甚至数百年的历史遗存，如何在时代的浪潮下为其提供更加全面的保护是我们应该思考的问题。另一方面，随着城市化进程的不断加快，城市文化的影响力也在不断扩大，甚至渗透到乡村中，这对传承了几百年，甚至数千年的乡村文化产生了巨大冲击。的确，在城市化浪潮的冲击下，以土地为依赖、以农耕生产方式为支撑、以血缘地缘关系为经纬的传统乡村社会面临解构。人们不再主要依靠土地和农业生产经营来维持生计，再加上人口流动和职业分化，乡村空心化现象越来越严重。总之，乡村肌理的慢慢褪去与乡村空心化，时刻在提醒着我们城市化可能会给乡村旅游资源带来质的破坏。

三、乡村旅游资源保护的具体策略

乡村旅游资源对乡村旅游产业、乡村经济发展起着重要的作用，同时影响着乡村整体的生态环境。加强对乡村旅游资源的保护，不仅有助于实现乡村旅游的可持续发展，还有助于保护乡村的生态环境，促进乡村振兴。

（一）做好乡村旅游资源开发阶段的工作

开发是导致乡村旅游资源遭受破坏的一个重要因素，但通过笔者前文对资源开发与保护关系的论述可知，虽然开发不可避免会对旅游资源造成破坏，但开发同时是保护旅游资源的一个有效途径，所以如何在开发阶段最大限度地减少开发对乡村旅游资源的影响是至关重要的一点。

首先，应加强乡村旅游资源开发的前期论证工作，包括资源开发可行性的论证、旅游市场论证等。乡村旅游资源开发可行性的论证是基础，如果论证结果为不可行，那么就不能强行进行开发；旅游市场论证是为了保证乡村旅游资源的价值得到更加有效的利用。总之，乡村旅游资源的开发不能是盲目的，需要在开发前期进行充分的论证，避免无序、不科学开发带来资源的破坏。

其次，做好乡村旅游资源开发前的科学规划与合理布局。在对乡村旅游资源进行充分的论证后，还需要对要开发的区域进行科学规划与合理布局。科学的规划可以减少乡村旅游资源开发的盲目性，降低资源的闲置率，并减少由盲目开发导致的不必要资源破坏。合理布局则可使现有资源得到最大限度的利用，如通过设计旅游线路，将该区域内大部分的旅游资源囊括到该线路中，让游客花费较少的时间便可以得到较好的旅游体验。

最后，加强乡村旅游资源开发阶段的监管工作。在乡村旅游资源开发过程中，有些企业因不合理的施工，导致旅游资源被破坏。其实，这些破坏完全是可以避免的，但在缺乏监管的情况下，企业为了节省成本，常常会采取一些不科学的手段。因此，政府还需要加强对乡村旅游资源开发阶段的监管工作，避免出现因为不合理施工而导致旅游资源被破坏的情况。

（二）提升社会大众的环保意识

随着大众生活水平的不断提高，人们对精神文化的需求愈加强烈，而旅游作为一项可以满足社会大众精神文化需求的社会性活动，备受社会大众的喜爱。但是，目前社会大众的环保意识仍旧较弱，这也是导致乡村旅游资源遭受破坏的一个重要原因，所以面对人们不断高涨的旅游热情，增强社会大众的环保意识就显得刻不容缓。

一方面，应加强环保宣传教育，提升社会大众对环保的认知。环保意识的提升源于对环保的认知，然而，目前很多人对于环保都是一知半解，没有认识到环保的重要性，也没有认识到环保与自身的关系。因此，政府应从普及环保知识着手，加强环保宣传教育，如通过电视、广播、互联网等多个渠道，广泛普及环境保护知识，大力宣传生态环境恶化对人类的危害，让人们逐渐认识到环保的重要性和紧迫性，并逐步实现被动环保到主动环保的转变。

另一方面，应加强环保政策教育，提升社会大众的环保法治意识。强化旅游资源保护的立法工作是为了从立法角度规范社会大众的旅游活动，相关法律法规约束的主体是社会大众，只有社会大众对法律法规有一个清晰的认知，才能更好地遵守。然而，目前很多人对于环境保护相关法律的认识多是一知半解，这使环保相关法律的效用大大降低。因此，要结合当地居民环保法律认知现状，采取贴近民众、符合实际的方式，向社会大众宣传环保相关的法律法规，从而在全社会营造浓厚的环保法治氛围。

游客是旅游活动的主要参与者，游客的旅游活动对乡村旅游资源产生的影响是不可避免的，但我们可以通过提升社会大众的环保意识，将游客活动对乡村旅游资源造成的影响降到最低，从而在每一位游客积极的行为下实现对乡村旅游资源的保护。

（三）加强对旅游活动的监管

旅游活动的监管主要是面向旅游经营者，即约束旅游经营者的行为，最大限度降低旅游经营者对乡村旅游资源的危害。在前文，笔者也指出了旅游经营者对乡村旅游资源造成的危害，如酒店、饭店不按照规定排放生活污水，不将生活垃圾放置到指定地点等，这些行为多是旅游经营者为了降低经营成本所致,但这些行为对旅游资源造成的危害却是巨大的。所以要加强相关方面的监督,严格要求旅游经营者将生活垃圾放置到指定地点,并将生活污水处理达标后再进行排放。此外,有些景区为了提高门票收入,不限制景区旅游人数,大量游客的涌入超出了景区承受的限度,导致各景点超负荷运转,最终对旅游资源造成了永久性的危害。针对这种行为,相关部门要加以监管,限制景区人数,让景区内的旅游资源得到修复的机会,同时辅以人工措施,加快旅游资源的恢复进程。

第三章 乡村旅游文化产品创新

第一节 乡村旅游文化产品概述

乡村旅游是在农业观光基础上发展起来的一种具有休闲度假性质的旅游方式,因此乡村旅游产品具有明显的复合型特征。乡村旅游产品的开发要充分遵循自然环境的客观规律,尊重当地的社会文化,尽可能保证当地自然环境与社会人文环境的乡村性,这是进行乡村旅游产品创新的基本原则。

一、乡村旅游产品的内涵

从旅游者的角度来看,旅游产品指旅游者为了获得物质或者精神的满足,花费一定的货币、时间和精力所获得的一次旅游活动;从旅游地的角度来看,旅游产品指旅游地为了满足旅游者的物质和精神需求,所提供的一系列服务的综合。所以,乡村旅游产品的定义如下:在旅游需求一方看来,乡村旅游产品乃是旅游者为了获得物质和精神上的满足,通过花费一定的货币、时间和精力所获得的一次乡村性旅游经历。

简单地说，凡是带有乡村性特征，能够为旅游者提供乡村生活体验的产品都可以称为旅游产品。目前人类已经过渡到了体验经济时代，体验经济是继农业经济、工业经济、服务经济之后的人类第四种经济形态。在体验经济时代，企业提供给顾客的是最终的体验，顾客留下的是一段难以忘却的记忆；消费者获得的是一种身体和心理上的体验，并需为这种体验付费。在旅游产业中，旅游体验更是表现得淋漓尽致，旅游产品作为一种高级的、享受型的、体验型的产品形式，更是从各个方面来满足游客的精神和心理需求，使游客产生美好的体验和记忆。乡村旅游产品则是人们所追求的一种更具深刻体验魅力的旅游产品。

二、乡村旅游产品的特点

（一）产品的参与性

在体验经济时代，参与性是体验经济的首要特征，没有参与性的乡村旅游产品只能满足旅游者感官上的需求，但是却很难引起游客在情感上的共鸣。因此，产品的参与性成为乡村旅游产品的一大特点，即为游客提供参与乡村衣、食、住、行等活动的机会是乡村旅游产品规划的首要考虑因素。

（二）产品的差异性

产品的差异性指的就是乡村旅游产品的主观性和个体性。每一个旅游者的家庭背景、生活环境、知识文化程度、个人兴趣爱好等都存在很大的差异，因此旅游者对乡村旅游产品的体验性也存在很大的差别，这就要求开发者在对乡村旅游产品进行规划时必须重视乡村旅游产品的差异性。这种差异性可以通过产品的质量、形式、包装等体现出来，以更好地满足不同游客的需求。

（三）产品的时尚性

从本质上来说，乡村旅游产品其实就是乡村社会文化和当地居民生活价值取向的一个载体，但是在规划乡村旅游产品时也不能简单地从乡村居民的角度出发，原因就在于旅游者是乡村旅游产品的主要消费者，而绝大部分旅游者对于时尚的追求是一种本性。因此在规划乡村旅游产品时，开发者要重视将乡村性与时尚性结合起来。

（四）产品的原生性

乡村旅游之所以能够吸引越来越多的城市居民，根本原因就在于乡村生活的特殊性。由此我们可以看出，在乡村旅游中对游客产生吸引力的是原汁原味的乡村生活，而不是利用现代科技来模仿乡村文化。因此，开发者在对乡村旅游产品进行规划时必须重视产品的天然性和原生态性。

（五）产品的乡村性

乡村旅游产品的乡村性是界定乡村旅游的核心内容，是乡村旅游独特的卖点，是乡村旅游区别于城市旅游的根本特征，乡村旅游产品正是以这种淳朴而浓郁的乡土气息来吸引游客的。乡村性主要表现在资源具有明显的乡土性和旅游活动具有浓郁的乡情性。比如古色古香的乡土民居、如诗如画的田园风光、原始古朴的劳作形式等，这些都散发出浓郁的乡土气息；与农家朋友漫步于田间小道，或与他们一起种植、采摘、载歌载舞，这些活动都蕴含着浓浓的乡情。

（六）产品的教育冶情性

乡村淳朴的传统美德及生产生活具有天然的教育和冶情功能，乡村旅游产品能够给旅游者带来快乐、轻松、兴奋、愉悦和幸福的各种心理感受，能够启迪人的心灵，陶冶审美情趣，提高文化素养，领悟人与自然"天人合一"的和谐。比如在与民同耕的参与性产品中，游客可以体验到乡民"锄禾日当午，汗滴禾下土"的艰辛和生命的厚重韵味，同时增强旅游者对人类生产劳动的体验和对现代生活的重新认知。

（七）产品的脆弱性

乡村旅游产品的脆弱性主要表现在乡村旅游产品是基于乡村的生态环境设计出的，而乡村的生态环境本身属于一种半人工半自然生态，这种特殊的生态环境很容易受到游客的破坏，而伴随着乡村生态环境破坏而来的是乡村旅游产品的破坏。

三、乡村旅游产品的类型

（一）从消费行为的角度划分

1. 核心产品

乡村旅游的核心产品指的是乡村自然景观与社会人文景观，这是发展乡村旅游的基础和核心。一般来说，乡村旅游的核心产品主要包括：乡村接待、乡村度假、乡村景观、乡村文化等。对于旅游者而言，缺少其他产品所造成的后果无非是体验感下降，但是缺少核心产品则会造成旅游者失去最基本的旅游动力。因此，乡村旅游核心产品的开发与规划对于乡村旅游的发展有着十分重要的意义。

2. 辅助产品

乡村旅游的辅助产品是从乡村旅游核心产品延伸出来的弥补乡村旅游核心产品不足的产品类型。例如，乡村接待需要提供相应的餐饮与住宿服务，又如乡村文化是一个抽象的概念，需要借助一定的载体进行表现，而各种乡村工艺品、特色活动等就是最好的载体，这些都是乡村旅游辅助产品的表现。

事实上，辅助产品看似没有核心产品重要，但也是不可或缺的。如果说核心产品是乡村旅游的基础，那么辅助产品则是乡村旅游质量提高的保证，是增加核心产品吸引力的根本途径。

3. 扩张产品

乡村旅游的扩张产品是由政府、企业、行业协会等组织的面向乡村旅游的营销或服务网络。扩张产品是乡村旅游发展到一定阶段、形成一定规模后的产物，游客通过乡村旅游网络获得旅游信息、预订及其他增值服务，乡村旅游的从业者也通过该网络共享资源并开展营销活动。

（二）从旅游资源的角度划分

1. 村落民居旅游产品

村落民居旅游产品指的是那些将乡村民间建筑作为旅游开发资源的旅游项目，这些民间建筑大多数是传统的民居，但也有部分是独具特色的现代化建筑，具体如下：

（1）将古民居作为旅游资源进行开发是乡村旅游的一大热点。由于很多农村地区交通不便，与外界的交流较少，因此很好地保存了古代建筑。这些建筑对于处于现代社会环境下的人们具有极大的吸引力，如汉族的秦砖汉瓦、斗拱挑的建筑形式，黎族的船形茅屋，傈僳族"千脚落地"的草屋，侗族外廊式的木楼等都是极好的乡村旅游资源。近年来比较成功地将村落民居作为主打旅游产品的地区有福建武夷山市武夷镇村的明清建筑、山西的王家大院、河南的康百万庄园等。这些地区因古民居保存完整，历史风貌古朴而受到诸多旅游者的喜爱。

（2）将现代化乡村建筑作为主打产品进行开发也是当前乡村旅游的一个着眼点。由于在现代化农村建设中很多地区盲目地按照城市进行规划。因此很多乡村失去了特色，无法开展乡村旅游，但是也有部分地区在对乡村建筑进行规划时结合乡村发展特点，充分展示了社会主义新农村建设成果，比较有名的有江苏的华西村、河南的南街村等。

2. 民俗风情旅游产品

乡村旅游对游客产生吸引力的一个主要原因就是乡村独特的风土人情

和民俗文化。因此,对风俗民情和乡村文化进行开发,突出乡村的农耕文化、乡土文化等特色是一种十分常见的手段。目前比较常见的民俗风情旅游产品主要有以下几种:

(1)生产民俗,如农耕民俗、手工业民俗等。

(2)流通交易民俗,如商业民俗、通信民俗等。

(3)消费生活民俗,如服饰、饮食等。

(4)社会礼仪民俗,如礼俗、成人、婚嫁、寿诞、葬埋礼俗等。

(5)家族民俗,如称谓民俗、排行民俗、财产继承民俗等。

(6)村落民俗,如集市民俗、村社民俗、乡规条例民俗等。

(7)民间组织民俗,如行会民俗、社团民俗、帮会民俗等。

(8)历法及时节节日民俗,如传统节日、二十四节气、本民族的年节等。

(9)信仰民俗,如民间宗教活动、民间禁忌、民间崇拜等。

(10)游艺民俗,如民间体育竞技民俗(赛龙舟、赛马)、民间杂艺博戏民俗(斗牛赌戏)、民间艺术民俗(蜡染、剪纸、刺绣、雕刻等)、民间口承语言民俗(民间传说、神话、故事、山歌、谚语等)等。

3.田园生态旅游产品

将乡村的田园生态环境与各种农事活动结合起来并开发成乡村旅游产品是我国乡村旅游发展早期的一种表现形式,但是近年来随着城市居民对千篇一律生活的不满,使得这种独具风情的乡村生活模式又再次蓬勃发展。

根据主题的不同，田园生态旅游产品大致可以分为竹乡游、花乡游、水乡游、果乡游等，也可以根据旅游活动的内容将其分为以下四种类型：

（1）农业景观观光游。农业景观观光游指以欣赏农业景观为主题的乡村旅游项目。比较常见的农业景观观光旅游形式有：田园风光观光，如欣赏水乡、梯田等独特的田园景观；林区观光，如森林旅游、种植旅游等；草原观光，如欣赏大草原景观等。

（2）农业科技游。随着科学技术在农业生产中的应用越来越广，很多农业景观既具有传统农耕文化特点，也具有现代科技特点，这种特色的结合极大地增强了农业景观的吸引力，也催生了将农业科技作为主打产品的乡村旅游产品，如观赏高科技种植园区等。

（3）绿色生态游。一般名义上，绿色生态游指充分利用乡村原生态的生态资源来进行旅游，这种旅游项目一般尽可能地减少人工痕迹，增加旅游者与自然生态环境的接触。

（4）乡村务农体验游。城市居民大致可以分为两种类型：一种是城市原居民，即从城市建立那一刻起就是城市居民。另一种则是外来居民，例如，通过城区扩建或者自主迁入城市等手段成为城市居民。对于第一种居民而言，乡村的农耕生活极为新鲜；而对于第二种居民而言，乡村的农耕生活是缅怀过去生活的一种手段，因此催生了乡村务农体验游。即让游客与村民一起生活，共同劳动，亲自接触真实的农耕生活，感受乡土气息。

4.乡村自然风光旅游产品

乡村自然风光旅游产品即以乡村地区的自然地质地貌、风景水体、风景气象气候与天象、生物等旅游资源形成的旅游产品。

（1）自然地质旅游：包括典型的地质构造、典型的标准层型地质剖面、观赏岩石、矿物、古生物化石、火山地震遗迹、海蚀、海积遗迹、典型的冰川活动遗迹等。

（2）地貌旅游：山岳地貌、喀斯特地貌、干旱风沙地貌等。

（3）风景水体旅游：江河风景河段、溪涧风景河段、构造湖、火口湖、堰塞湖、河迹湖、海迹湖、风蚀湖、冰蚀湖、溶蚀湖、人工风景湖、风景瀑布、冷泉、矿泉、观赏泉、风景海域等。

（4）风景气象气候与天象旅游：云雾景、雨景、冰雪景、霞景、旭日夕阳景、雾凇、雨凇、蜃景、佛光景等。

（5）生物：植物包括观花植物、观果植物、观叶植物、观枝冠植物、奇特植物、珍稀植物、风韵植物、森林等。动物包括观形动物、观色动物、观态动物、听声动物、珍稀动物、表演动物等。

（三）从旅游者体验的角度划分

1.乡村观光旅游产品

乡村观光旅游产品指的是将乡村的自然风景和各种社会人文景观作为主题，以参观为主要方式的一种旅游产品。如古建筑观光、风水文化观光、园林文化观光、田园观光等。

2. 娱乐型旅游产品

娱乐型旅游产品即以满足旅游者休闲、娱乐的需求所提供的旅游产品。纯粹的观光对于游客的吸引力是极为有限的，很多游客选择乡村旅游的一个基本出发点就是为了充分享受乡村的生活，因此娱乐型旅游产品的开发是十分重要的。例如，为了让游客更好地融入乡村生活中开发出的示范表演；为游客提供亲手制作乡村手工艺品的机会；让游客亲自动手制作农家的食物和饮料等。

3. 保健型旅游产品

部分乡村由于缺少独特的自然景观与乡村文化，另辟蹊径开发出了保健型旅游产品，针对当前大众普遍处于"亚健康"现象开发出各种强身健体、修身养性、医疗保健等的旅游项目。例如，日光浴、温泉浴、散步、食疗养生等。

4. 乡村休闲度假旅游产品

乡村休闲度假是指在乡村地区，以特有的乡村文化和生态环境为基础开展的休闲度假活动，是乡村旅游发展到一定阶段较高层次的一种旅游形式。休闲度假旅游产品一般是融观赏、参与、体验、教育、娱乐等于一体，主要有周末节日度假游、家庭度假游、集体度假游、疗养度假游和学生夏令营等形式。

5. 乡村生活体验旅游产品

乡村生活体验旅游产品是指通过提供丰富的乡村生活独特的信息和新

奇的活动来帮助旅游者全身心投入对乡村劳作的知识和技能进行探索，获得积极的旅游体验。典型的乡村生活体验游有民俗风情体验游、野外生存体验游、童趣追忆体验游、亲子温馨体验游、动物亲近体验游、心理调节体验游、贫困苦难体验游、农家生活体验等。如农家生活体验活动形式主要有：果园摘果、品尝；花卉园学习插花技艺、园艺习作；茶园采摘；学习竹编、竹雕及竹枝、竹节造型等艺术和烧制竹筒板。在牧区可以挤马奶、勾兑奶茶、骑马放牧，感受牧区生活的原汁原味。

6. 修学科考旅游产品

修学科考旅游产品其实是专门为青少年设置的一种产品类型。目前很多家庭都是独生子女，父母的长期溺爱使得这些孩子对大自然缺少足够的了解，而修学科考旅游产品正是针对这一现象而设计的。通过为青少年提供各种自然科考的机会来吸引游客，如青少年环境保护游、农业生产游、大自然生态写生游等，在旅游中帮助青少年认识自然、认识乡村，树立正确的人生观与价值观。

7. 探险旅游产品

探险旅游是户外娱乐的一种形式，也是提高人类适应性的一种特殊活动方式。常见的探险类型有沙漠探险、海岛探险、高山探险、高原探险、攀岩探险、崖降探险、徒步探险、滑雪探险、雪地驾驶探险、河谷探险、漂流探险、湖泊探险、洞穴探险、冰川探险、森林探险、狩猎探险、观鸟探险、垂钓探险、潜水探险、驾独木舟探险、野营探险、狗橇探险、溜索探险、骑马探险、划艇探险、草地探险、野外生存探险、雪地徒步探险、峡谷探险、古驿道探险等。探险旅游主要显示了人类对自然的利用还存在着脆弱性和局限性，也显示了自然界的原始性和神秘性。探险旅游一般要求参与者有一定的探险知识、野外生存知识和一定的技术。

8. 民俗旅游产品

民俗旅游产品即将乡村的民俗文化作为切入点，有针对性地开发旅游产品。例如，根据乡村的舞蹈风俗、体育风俗以及各种传统的工艺品、饮食文化、民族建筑等开发出相应的产品。

9. 节日旅游产品

节日旅游产品指的是以各种节日为核心的旅游产品。一般来说，节日旅游产品根据节日活动内容的不同大致可以分为以下五种：

（1）农村风光节日。农村风光节日将欣赏农村优美的自然风光作为节日的主题，很多景观都具有一定的时间限制，在最美景观出现之时开展各种以景观为主题的节日活动能够极大地提高对游客的吸引力。例如，北京延庆冰雪旅游节、成都清流梨花节、四川（西岭雪山）南国冰雪节、齐齐哈尔观鹤节、伊春森林旅游节、安徽扬山梨花节等。

（2）农业产品节日。农业产品节日是在某种农业生产成熟时开展的节日活动，这种节日活动一般是为了表达对丰收的庆祝以及对来年丰收的愿景,因此这种节日往往是一种狂欢式节日,与以往的生活节奏截然不同,这对于希望脱离日常生活的城市居民而言极具吸引力。例如,北京通州西集镇的绿色果树采摘节、哈尔滨松北的葡萄采摘节等。

(3)民俗文化节日。我国有56个民族,因此各种民族节日繁多。这些民族节日都是不同民族文化的载体。例如:赫哲族旅游节、连州保安重阳大神盛会、宁波市首届乡村美食节、天台山高山茶文化节等。

(4)历史典故节日。历史典故节日是将历史上比较有名的事件作为节日的主题,然后有针对性地开发旅游产品,如都江堰的李冰文化节等。

(5)综合类节日。综合类节日是没有特定的主题节日,内容包括多种体验方式,满足游客的不同需求。一般来说,这种类型的节日多以"文化节"命名,如郫都区休闲乡村旅游文化行、成都天台山养生节、大连万家岭老帽山映山红旅游文化节等。

10.乡村会议度假旅游产品

乡村会议度假旅游产品指的是将会议作为切入点进行开发的旅游产品。对于一些大型会议而言,如果乡村的生态环境优美、基础设施完善且交通比较便利的话,那么会议的举办方很乐意在乡村地区举办会议,这对于提高参会人员的工作效率是极为有利的。

11.专项旅游产品

专项旅游产品包括体育旅游、采风摄影旅游、电影电视拍摄旅游、野营旅游、怀旧旅游与历史遗迹旅游等。摄影旅游指旅游者前往乡村地区拍摄自己的摄影作品，并将旅游与摄影视为一举两得的体验方式；怀旧旅游是指专门寻觅历史上的社会风情、建筑、生活用具、名人故居等的旅游活动；历史事件遗迹旅游则是乡村旅游产品谱中重要的组成部分，在乡村地区有开发这一旅游产品的丰富素材。

12. 乡村购物旅游产品

乡村购物旅游产品主要是为旅游者提供旅游纪念品、土特产、工艺品等，供游客选择购买。乡村购物旅游产品包括农村服饰、农副产品、土特产品、手工艺品、农村饮食等有形物品。这些有形物品主要利用石、木、竹、柳、藤、荆、动物等编制、加工出各类工艺品，利用芦、菱秆、高粱秆、麦秆、芦苇、马莲草等加工成生活用品等。

四、乡村旅游产品的特色

（一）乡村旅游产品的客观真实性

目前，学界对旅游产品的真实性研究主要集中在客观性主义真实、建构性主义真实和存在性主义真实以及后现代"超真实"等四个方面：客观主义真实观是从客观的、博物馆学的角度来看待真实性问题，强调被旅游的客体与原物完全对等，即认为展示给旅游者的对象应是完完全全的真，不能掺杂丝毫的假。客观主义者认为，商品化会破坏地方文化的真实性，建构主义真实观认为旅游真实性是由各种旅游企业、营销代理、导游解说、动画片制作者等共同制造出来的。因此，真实性是一个社会建构的概念，其社会含义不是确定的，而是相对的、可商榷的、由环境决定的，是思想意识形态的。建构主义者认为商品化并不一定会破坏文化的真实性，商品化会不断为地方文化注入新活力，成为民族身份的标志。存在主义真实观认为存在的本真是人潜在的一种存在状态，可由游客参与的各种令人难忘的、激动人心的旅游活动来激发，如游客在参加不同寻常的活动时，会感到比日常生活中更加真实、自由地展示了自我后现代主义"超真实"观，抹杀了"真"与"假"的界限，认为模拟变得如此真实，比真实还真，已达到一种"超真实"境界。

从上述四种观点来看，乡村旅游产品明显具有真实性的特点。旅游者到乡村进行旅游互动，观察乡村居民的真实生活方式和各种传统习惯，并亲自参与农耕生活、节目庆典、产品加工等活动，充分满足了旅游者体验不同生活的需求。更为重要的是，旅游者参与的各种活动并不是旅游地提供的一种虚假活动，而是旅游地的日常生活，这是乡村旅游真实性的最大体现。

（二）乡村旅游产品兼具自然与人工特色

与城市环境相比，乡村旅游产品的自然环境较为优美，与纯粹的荒野森林相比，乡村的旅游产品又具有一定的人工属性，这种半人工半自然的特点使得乡村旅游产品的自然环境更具有特色。例如，我国拥有森林景观的地区众多，原始森林面积极为广阔，但是这些地区却缺少对游客的吸引力，原因就在于这些地区由于缺少人工规划，处于最为原始的状态，与游客的预期心理不相符。而乡村旅游产品既保留了森林景观的原始性，同时也对森林景观进行了一定的规划，使得森林景观井然有序，因此对游客的吸引力自然会大幅度提高。试想一下，对于游客而言是搭个帐篷睡在纯粹的原始森林更有吸引力，还是住宿在乡村提供的森林旅馆中更具吸引力？毫无疑问，除了纯粹的探险者，后者更具吸引力。

（三）乡村旅游产品所依赖的人文环境独特

乡村地区所依赖的人文环境独特。如江西婺源青砖黛瓦的明清民居、原汁原味的古村驿道、廊桥和茶亭，气势雄伟、工艺精巧的祠堂、官邸成群，飞檐翘角的民居栉比。福建培田古村明清时期古民居建筑群主要包括大宅、祠堂、书院、古街、牌坊和庵庙道观等，体现了精致的建筑、精湛的工艺、浓郁的客家人文气息。安徽宏村精雕细镂、飞金溢彩、气度恢宏、古朴宽敞的民居群，巷门幽深，青石街道，栋宇鳞次，有着科学的人工水系和方格网的街巷系统，体现了典雅的建筑造型，合理的功能布局，是徽州传统地域文化、建筑技术和景观设计的典型代表。浙江诸葛村村落格局按九宫八卦图式而建，整体布局以村中钟池为中心，全村房屋呈放射性排列，向外延伸八条弄堂，将全村分为八块。北京韩村河旅游景村明快和谐的红质白墙、红顶黄墙或黄顶黄墙，明亮的整钢玻璃窗，宽敞的观景阳台，大气庄重的中式琉璃瓦飞檐伴秀美挺拔的欧式尖顶、网柱，在阳光下一同展示着亮丽的风采；不同风格的别墅楼区、宽敞的街道、高雅的景观小品、现代蔬菜大棚、花卉基地、星级饭店、村办大学、公园、医院等组成了中国新农村的风貌。

（四）乡村地区独特的民俗风情

我国乡村地域辽阔多样，有着风格各异的风土人情、乡风民俗，使乡村旅游活动对象具有独特性特点。如新疆图瓦村：主人招待客人，用酸奶、奶酒、奶茶、奶疙瘩、酥油、油饼、油筛子等；说图瓦语，会讲哈萨克语，当地的节日有邹鲁节等。新疆尉犁县罗布人村寨：自己的地方方言，有罗布舞蹈、罗布民歌、罗布故郭，睡茅屋、骑骆驼、滑沙、狩猎、捕鱼、穿森林、涉河水；村寨正门形如一个戴着帽子的人的头部，两侧是鱼的图腾。北京延庆香屯村：村民用天然绿色原料制作的生态保健餐，主要有栗子鸡、炸河鱼、炸核桃仁、杏仁、香椿拌豆腐等16道特色菜，以及红枣栗子棒米粥、蜂蜜羹等6种主食。在苗族的吊脚楼里有血灌肠、辣椒干、酸汤鱼、绵菜粑、油茶、万花茶等组成的地地道道的苗家美食。在陕西陕北乡村的窑洞里，有特色浓郁的陕北菜。

（五）乡村旅游产品的季节性显著

农业生产是在人们定向干预和调节下的生物再生产过程，生产的各个阶段深受水、土、光、热等自然条件的影响和制约，具有明显的季节性，从而导致农业旅游活动具有明显的季节性。乡村农业生产活动有春、夏、秋、冬四季之分，夏、秋季节乡村旅游火爆，冬、春季节旅游冷淡。

（六）乡村旅游产品项目多样化

乡村旅游依托乡村古朴秀丽的乡村环境和各类农业资源、农耕文化、乡村民俗风貌，针对客源市场需求状况，开发出一系列趣味性高、参与性强、文化内涵丰富的各种旅游产品类型和各种旅游产品项目。

（七）乡村旅游产品地区差异性显著

不同的地域有不同的自然条件和山水环境、文化背景、生活习俗和传统等。另外，每一个地方的农业生产，包括农、林、牧、副、渔等产业的生产也具有很明显的地域性和特色。中国乡村既有南北乡村之分，又有山地平原乡村之分，还有汉族和少数民族乡村之分。我国乡村旅游产品具有丰富的地域性特色，如东部沿海以海洋农业和渔猎生活为特色，东南部以江南鱼米之乡和小桥流水为特色，南部以热带海滨风光为特色，北部以冬季的冰天雪地为特色，西部以草原景观和游牧生活为特色，西北以沙漠戈壁和绿洲为特色，西南部以高山峡谷和垂直农业为特色，青藏高原以神秘的民族文化和高寒农业为特色，平原地带以一望无际的田园风光为特色；还伴有纷繁复杂的民俗宗教、庙会节庆、人文历史和浓郁的少数民族风情等。

第二节 乡村旅游文化产品开发要点

一、乡村旅游产品开发的基本原则

（一）因地制宜原则

乡村旅游产品开发的一个基本原则就是因地制宜原则，盲目地跟风模仿、移花接木，甚至造假欺骗等行为只会导致乡村旅游产品失去原本的特色。一个好的乡村旅游产品总是以本地的旅游资源为基础，以独特的乡村生活表现为目标。因此，开发者在对乡村旅游产品进行规划时要坚持因地制宜的原则，对本地的乡村旅游资源进行考察，寻找最佳的切入点。

以渔业资源比较丰富的乡村为例，开发者在对乡村旅游产品进行规划时可以大致将乡村旅游产品分为三个阶段：

第一个阶段，利用本地丰富的渔业资源来为游客提供渔业景观观光、垂钓等项目。这些项目对于资金的要求较低，能够迅速帮助旅游地积累大量的资金来用于后续阶段的开发。

第二个阶段，介于这个时候资金相对有限的困境，该地区完全可以充分利用现有的资源，打出"原生态捕鱼"的口号，吸引游客与渔民一起居住、一起捕鱼。如此一来，游客对于住宿等基础设施的要求就会下降，同时为游客提供自己制作海鲜食品的机会，让游客把自己捕获的鱼制作成各类海鲜食品，增强游客的体验感。

第三个阶段，经过前两个阶段的资金积累，该地区已经拥有相对充足的资金来进行大规模的开发，这个时候应当针对本地区的渔业资源与渔业文化打造休闲观光渔业游览区，依托原生态的岛屿、村落、礁石、滩涂等多元化发展乡村旅游，如观海景、尝海鲜、踏海滩等体验式休闲观光旅游等。

当然，上述分析主要是针对那些乡村旅游资源丰富而又缺少足够发展资金的地区而言的，部分地区如果资金较为充足的话可以直接进入第三个阶段，从一开始就对乡村旅游进行系统科学的规划。如果缺少独特的资源，那么可以利用农村景观的生态性来开展保健养生旅游项目。总而言之，因地制宜开发旅游产品是必要的，一味地模仿其他地区的成功案例只会起到适得其反的效果。

（二）可持续发展原则

在之前的章节中我们已经论述过农村的生态环境是一种半自然化人工生态环境，这种复合型生态环境更为脆弱，极易受到破坏。从某种意义上说，乡村旅游对于农村生态环境的破坏是不可避免的，而我们要做的就是在规划乡村旅游产品时尽可能对农村生态环境进行保护与改善，实现农村生态环境的可持续发展。具体来说，乡村旅游产品对农村生态环境的保护主要体现在以下两个方面：

一是对农村自然生态环境的保护。这就要求乡村旅游产品不能以破坏自然景观为代价，例如，森林景观、草原景观等自然景观只能开发出观光型旅游产品,而开发体验型旅游产品则极易对这些景观造成不可修复的破坏;再比如,在开发捕鱼等体验地产品时也要把握好尺度,避免大肆捕捞对渔业资源造成破坏等。

二是对农村人文生态的保护。乡村人文生态的保护主要集中在各种古文物上,例如,对于一些年代比较久远的古文物,要尽可能避免游客与其进行接触。近年来部分地区为了增加对游客的吸引力,将建筑开发成宾馆,这种行为从长远的角度来看对于乡村旅游的发展弊大于利,虽然后期的维护与保养能够保证古建筑的形态,但是其历史风貌毫无疑问在逐步地消失。

(三)生态原则

生态原则是乡村旅游产品开发的一个十分重要的原则,是实现乡村旅游发展与环境、资源协调统一的重要保证,更是确保乡村旅游产品原汁原味的根本途径。所谓的生态原则指的就是在开发设计乡村旅游产品时,要尽可能实现旅游产品与周边生物、自然环境相一致,避免人工雕琢的痕迹。一般来说,乡村旅游产品生态原则主要体现在基础设施的建设上。

乡村基础设施对于乡村旅游发展的重要性不言而喻,但是基础设施的建设过程本身也是对自然生态的破坏过程,这种情况下,乡村基础设施建设要尽可能遵循绿色建筑设计原则。例如,在建筑材料的选择上要尽可能使用木材、毛竹、泥土等自然材料,而不是大量使用钢筋混凝土;在安装水电设施时要充分利用太阳能、风能、沼气等再生能源,实现能源的节约与循环利用；在建筑设计上要利用设计手段来实现建筑的自然通风、自然降温、建材保温等；在建筑的外观上要与周边的自然环境相统一，避免突兀的建筑影响整体景观效果等。

（四）美学原则

人类的审美活动是人类一切活动中最基本的活动之一。对美的追求是人类对美的一种永恒的追求。旅游从本质上讲，就是一种审美过程。旅游活动作为人们精神生活的一部分，是游览性和观赏性的审美活动，是自我实现与自我完善、潜移默化的情感过程，是陶冶情操、修身养性的过程，是自然美、形式美与社会美、艺术美的统一。旅游审美追求的是"天、地、人"合一的理想审美情境，其目标是创造人与自然的和谐。所以，在乡村旅游产品开发过程中，开发者要综合考虑旅游者的审美心理要素和旅游审美态度，把握旅游者的感知、想象、理解和情感等。在审美过程中，感知因素通常起着先导作用，它是审美知觉的出发点。想象可以使旅游审美充分发挥作用，并使旅游景观更加丰富多彩，可以使旅游产品品位升华。情感是人们对客观世界的一种特殊反映形式，是人们对客观事物是否符合自己需要的态度和体验；对审美形象内容的理解，是进行审美不可缺少的环节。在乡村旅游产品开发中，开发者要通过在物质的东西中增添精神层面的成分，在功利的东西中增添超功利层面的成分，带动旅游运作系统对自身功利性进行超越，最终使旅游者体会到旅游提供的不仅仅是使用价值和个人生理需要的低层次满足,而是带给人们更高精神层面满足的审美享受。乡村旅游产品的开发最终目的是实现旅游者对乡村旅游资源进行美学意义上的感知、体验、认同和联想,从而得到感官上、情绪上和心灵上愉悦和满足的过程,使自然旅游资源形成的产品具有形态美(如雄壮美、秀丽美、奇特美、幽深美、险峻美、旷远美等)、色彩美、动态美、综合美等特征,人文旅游资源形成的产品具有历史性、文化性、特殊性、愉悦性等特征。

(五)市场导向原则

乡村旅游的开发本身是一个经济过程,从乡村的角度来看,发展乡村旅游的一个主要目的就是推动乡村的经济发展,因此乡村旅游产品规划的最终目的是使得旅游产品能够顺利进入市场。这种情况下,乡村旅游产品的规划就要紧紧把握市场的脉搏,坚持市场导向原则,深入洞察游客的实际需求,针对性地开发出旅游产品。一般来说,乡村旅游产品开发坚持市场导向原则主要考虑以下两个问题:

一是旅游产业的发展趋势问题。旅游产业的发展趋势是乡村旅游产品开发的宏观市场环境,对于现代人而言,城市化进程不断加快带来的是人们对于自然生活的向往,这也是乡村旅游逐步兴起的根本原因。而乡村旅游产品开发就要充分把握这一特点,避免在旅游产品中表现出太多的现代化工业痕迹,否则对于游客的吸引力就会大幅度下降。

二是游客的行为特征。游客的行为特征是游客潜在需求的外在表现。

例如，乡村旅游游客多以受过良好教育、经济条件较好的城市居民为主，这类游客的一大特点就是不仅追求美好的自然田园风光，更重视田园风光给自己带来的精神享受。这种情况下，乡村旅游产品就要不断增加产品的文化含量，避免停留在物质层面。再比如，乡村旅游游客的群体特征是存在很大开发者差别的，有家庭式旅游、教育式旅游、老年休闲旅游、情侣观光旅游等，这就需要开发者针对性地开发出不同的旅游产品。

对市场的准确把握是乡村旅游产品能够受到市场欢迎的基本保障，更是乡村旅游发展的主要影响因素。

（六）文化导向原则

旅游活动本身也是一种文化交流的过程，旅游文化可以说是旅游产业的灵魂。以乡村旅游为例，它不仅能够满足游客的一般性观光需求，更能够满足游客的故乡情结、怀旧心理和回归自然的愿望等。这是旅游者对农耕文化、民俗文化、乡土文化底蕴的追求和体验，这是人们对以往文化的留恋和不同文化的向往，因此，乡村旅游的开发要满足和创造旅游者的这种文化需求。所以，开发者在旅游产业的开发中要重视文化资源，在产品的开发中寻求文化差异、增加文化含量，通过精心设计和安排，将特色文化元素融入产品设计、旅游活动和旅游线路中，形成文化竞争力，实现旅游产品价值的最大化和旅游者最高层次的文化满足。

（七）以人为本原则

旅游者是旅游产品的主要使用者，如果旅游产品在设计时无法坚持以人为本原则，那么再好的旅游产品都无法得到市场的认可。这也就意味着旅游产品的设计必须站在旅游者的角度进行考量，主要体现在以下两个方面：一是旅游产品的内容设计要以人为本。市场上旅游产品众多，但是获得旅游者认可的旅游产品却寥寥无几，根本原因就在于旅游产品的设计过于理想化，或者说设计者在设计旅游产品时没有站在旅游者的角度进行考虑，忽视了旅游者对旅游产品的需求，从而出现产品与需求背道而驰的现象。二是旅游产品的表现形式与价格要以人为本，并不是越花哨越贵的旅游产品市场前景就越好，相反，乡村旅游地区需要准确把握客源的经济收入，针对性地制定出具有普适性的旅游产品价格。

（八）整体性原则

旅游产品的整体性原则指的是在设计旅游产品时要考虑到该产品与其他产品的互补性，避免乡村旅游出现短板。虽然说乡村旅游主题的关注点不同，但是设计出的旅游产品至少要涵盖游客的食、住、行、旅游购物、娱乐等六个层面，同时不同的旅游产品也应当尽可能根据旅游活动内容将观赏性、参与性、体验性、教育性等整合在一起。

（九）产品差异性原则

人无我有、人有我优是获取市场竞争优势的重要方式。对于乡村旅游而言，近年来随着乡村旅游的兴起，旅游市场上旅游产品的种类也逐渐丰富起来，这种情况下旅游产品的设计就要将产品的差异性原则作为切入点，开发出具有特色的旅游产品。在实践中，旅游产品的差异性原则主要表现在两个方面：一是时间的差异性，即率先进入某一个产品市场，以先行者的身份出现，迅速占领市场，然后不断进行创新，保持自己先行者的身份。二是内容的差异性，即保证自己所推出的旅游产品具有不可复制性，这种不可复制性大多是通过技术要求、文化内涵等体现出来的。

（十）参与性原则

随着旅游活动成为大众的一项日常活动，人们越来越不满足于以观光为主的旅游活动，取而代之的是追求参与型的旅游活动，反馈到乡村旅游上，指的就是乡村旅游产品必须重视产品的参与性。简单地为游客提供参观服务是很难获得游客认可的，而是要让游客在实践中亲自发掘旅游景观，获得精神上的享受。一般来说，乡村旅游的参与性大多是通过一些互动性活动项目体现出来的，例如，在开发乡村旅游娱乐项目时只是设计项目的规则，而项目则由游客负责执行；在乡村手工艺品制作上鼓励游客自主制造自己心中的工艺品；为游客提供亲自参与田园农耕劳动的机会等。

二、乡村旅游产品开发要处理好几个关系

（一）传统的继承与创新发展之间的关系

乡村旅游产品开发所面临的一个重大挑战就是传统与现代关系的处理。一方面，原汁原味的旅游产品毫无疑问更能体现乡村的特色，增加乡村旅游产品的内涵。但是另一方面，处于现代社会的游客对于那些纯粹的传统

旅游产品并没有想象中的那么支持，很多游客更倾向于享受那些披着现代文化理念外衣的旅游产品，这和他们的生活习惯是相符合的。因此，乡村旅游产品的开发必须处理好传统文化意蕴的继承与现代文化的创新之间的关系。

（二）观赏艺术性与实用功能之间的关系

观赏性和艺术性都是旅游产品的重要特性，但是在当前部分旅游产品的开发上，很多旅游产品往往过于侧重产品的观赏性，从而出现"名不副实"的旅游活动项目，给予游客一种"欺骗"的感觉。这种做法固然在初期能够以新颖的手段吸引一定的游客，但是从长远的角度来说，缺少实用功能的乡村旅游产品最终会失去发展的潜力。因此，在实践中开发者必须重视旅游产品观赏性与实用性二者兼顾。

（三）地方特色与游客需求之间的关系

许多旅游产品是在长期的历史文化发展中沉淀形成的，无论是在文化意蕴上还是在工艺技术上都具有明显的地方特色，但是这并不意味着这些旅游产品就一定能够得到游客的认可。相反，开发者必须正确处理好地方特色与游客需求之间的关系，不能一味地"为特色而特色"；旅游产品归根结底是为游客服务的，如果不重视游客的需求，那么再具有特色的产品也无法得到游客的认可。因此，处理地方特色与游客需求之间的关系，解决具有地方特色的旅游产品与现代旅游市场需求之间的矛盾，寻求两者的协调发展是乡村旅游产品设计必须注意的一个重点。

（四）大众化需求与个性化需求之间的关系

能够进行大批生产是乡村旅游产品设计的一个基本出发点，这就意味着乡村旅游产品主要是针对大众化需求而设计的。但是在设计中也要妥善处理游客的大众化需求与个性化需求之间的关系。一方面，随着社会经济的发展，人们的需求开始朝着个性化、碎片化的方向发展。另一方面，从大众化需求角度出发进行旅游产品设计很容易导致旅游产品失去特色，在市场竞争中不占据优势。但是一味地追求旅游产品的个性化又会造成产品的成本无法得到控制，导致乡村旅游的经济效益受到影响，因此在实践中开发者必须妥善处理好大众化需求与个性化需求之间的关系，比较常见的手段是针对一般性或者低端消费市场开发大众性旅游产品，而针对高端市场则开发个性化旅游产品。

（五）区域性旅游商品与区域性乡村旅游商品之间的关系

许多乡村旅游商品同时又是大区域性的旅游商品，协调好二者之间的关系很重要。那些乡土气息浓厚、与乡村结合紧密的大区域性旅游商品同时也可以被确定为乡村旅游商品，因为在大区域内可能有很多旅游商品。乡村旅游商品只是其中的一部分，在大区域旅游商品中特色不是非常明显，但开发者可以进行设计或功能上的部分调整来加载更具地方特色的元素或独特性内涵，使之成为独一无二的区域性乡村旅游商品。

第三节　乡村旅游文化产品开发的创新设计

一、乡村旅游产品的品牌建设

品牌是市场经济条件下最重要的无形资产，21世纪也是品牌经济时代，产品之间的竞争主要表现为品牌的竞争。如何在乡村旅游产品市场中得到旅游者认可，获得最佳经济效益，创建旅游产品品牌是关键，品牌的塑造是获得乡村旅游产品核心竞争力的重要手段。乡村旅游产品品牌的塑造要经历品牌主题定位、品牌设计和品牌传播推广等三个阶段。

品牌主题定位主要解决乡村旅游产品的发展方向和主要功能定位。品牌主题定位要符合乡村旅游产品的内涵，要重视对乡村旅游产品特色的挖掘展示，不是任何旅游产品都能够成为旅游品牌，而要选择最具特色的旅游产品。品牌设计主要是为了在市场上获得与品牌主题定位一致的形象而对产品进行的一系列包装，以增强旅游者的感受、满意度和产品信誉度。一般要深入研究旅游产品的真正优势，通过一句精练的文字来体现，这句话能够把旅游产品的特色优势形象化地表述出来；同时文字要具备广告效应，能够打动旅游者的心，激发其旅游动机，并易于传播和记忆，最后一个阶段是进行品牌的推广。提高知名度和注意力需要品牌的有效推广和传播，持续的促销活动能给现实和潜在旅游市场造成强烈的视觉、听觉冲击，所以要采用报纸、杂志、电视、网络等媒体和多种促销组合手段，把产品品牌形象与内涵持久地传递给现实或潜在的旅游者，以在受众中树立并强化乡村旅游产品鲜明的品牌形象。例如，河南温县陈家沟作为太极拳的发源地，开发"太极之旅"等旅游项目，提出了"看太极发展史，学太极真功夫"的旅游产品品牌，感受太极之乡的特有风情。再如，叶剑英元帅的故乡——广东梅县，是客家人聚集最集中的地区，梅县的客家文化是最典型和最具代表性的中国客家文化形态。客家先民定居在山区，山中田园生活是客家人的真实生存状态。而山居生活对人际交往的心理需求，又使客家人养成了热情好客的传统。此外，当年客家先民"衣冠南迁"，大多出身于书香门第，历来有"耕读传家"的文化传统。广东梅县结合现代旅游市场的消费需求趋势，突出客家文化和田园风光，提出了梅县的旅游产品品牌形象——山中田园诗，梅县客家情。

二、乡村旅游产品的主题设计

乡村旅游首先要做的是设定一个精练的主题，主题的设定是规划乡村旅游产品的关键所在。一般来说，科学的乡村旅游产品规划都是将一个固定的主题作为出发点，然后以主题为依托设计出一系列乡村旅游产品。

对于乡村旅游产品而言，主题的最大价值在于以下三个方面：第一，主题能够保证乡村旅游产品的规划始终围绕共同的核心，避免因产品种类繁多分散游客的注意力。第二，统一的主题有利于乡村旅游地区更好地营造旅游环境与氛围。第三，旅游主题的设定往往与当地的风俗民情相关，这能够保证乡村旅游的特色，避免其他乡村地区模仿。在设定乡村旅游产品主题时，旅游地区可以结合自身的特色按照以下三种方式进行设定。

（一）以乡村四季风景为主题的乡村旅游产品设计

这里主要指在一定的地形范围内，利用并改造自然地形地貌或者人为开辟和美化地形地貌，综合植物栽植或艺术加工，从而构成一个供人们观赏、游憩的具有特定主题的景观，达到游客欣赏自然、发现自然、感受自然的高层面和谐氛围，使得自然资源的初级吸引力转变为更高层次的吸引力，凸显产品特色。

1.田园之歌

在乡村的果园地区，以春花、夏果、秋叶、冬枝为主题。春赏花漫山野，夏品果熟田间，秋观红叶枝头，冬思枝横影疏，四季皆成美景。例如，西藏的乡村地区天如纯蓝墨水一样蓝，云如绵羊的毛一样白，水或碧或蓝晶莹清澈。

2.休闲田园

把乡村一年四季的农事活动与田园情趣的参与和观赏连为一体，为游客提供农事活动的内容，如栽秧、犁牛耙用、磨磨、车水、割麦、打场晒粮等，让游客亲身感受农耕文化，体验古代农民劳动的艰辛和快乐。开发者还可设计花卉园艺观光园、蔬菜种植园、茶园、水乡农耕观光园、特种植物园、特种养殖园等。

3. 生态园林

比如在开发"竹乡游"时，开发者可以突出"做客竹乡农家，亲近美好自然"主题，让游客吃竹宴、住竹楼、观竹海、坐竹椅、睡竹床、买竹货等。

（二）以乡村实体景观为主题的乡村旅游产品设计

实体景观一直以来都是以观光为主，但是近年来实体景观旅游产品的设计也逐渐多样化，最为常见的是根据景观的类型来针对性地设计出相应的旅游产品，从而增加旅游产品的内涵。例如，根据"桃李无言，下自成蹊"成语中"桃李"的象征意义来设计以学子谢师或者教师度假为主题的旅游产品，以此来吸引毕业考试之后的学生游客或者节假日期间的教师群体。再比如，开发者对"荷花"这一实体景进行旅游产品设计时，可以根据荷花的亭亭玉立、出淤泥而不染的特点来设计出以医护人员高清的品质为主题的"白衣天使游"旅游产品。

（三）以地方民俗为主题的乡村旅游产品设计

1. 欢乐农家

欢乐农家产品的设计主要是以乡村常用的农耕与生活工具进行设计，例如，将乡村的织布机、石磨等与谷子、玉米放在一起，塑造一个传统的农家形象，游客可以在其中享受传统的农耕方式，感受收获的喜悦。

2. 童真乐园

童真乐园顾名思义，主要是针对儿童游客设计的。该设计主要是利用城市儿童不常接触的乡村孩子娱乐项目进行布置的，例如，踢毽子、推铁环、弹弹子、玩泥巴、踩高跷等。

3. 农家宴

农家宴这一旅游产品既凸显了乡村生活的特点，也为游客提供了饮食服务。例如"田里挖红薯、村里吃土鸡"，感受了一天的乡村野趣，再在田园茅草屋下吃上一顿地道的农家大餐，如米汤菜、红薯稀饭、土鸡土鸭等，是既饱了眼福、手福，又饱了口福。游客在东北吃大锅贴饼子、"笨鸡"炖蘑菇、水豆腐、土豆炖茄子、山鸡等纯绿色食品。

4. 农家作坊

可以说，几乎每个村庄都有自己的"独门绝活"，对此乡村旅游地区可以充分利用，增设几处农家作坊，挖掘传统技艺，如弹棉花作坊、豆腐作坊、磨面作坊、铁匠作坊、竹刻根雕作坊等，展示各种已被现代文明取代的劳作方式，使游客可以欣赏乡村的古朴意味。

5. 农家听戏

在周末或节假日，开发者可以在农田空地上搭建戏台，进行具有民俗特色的表演，如腰鼓、大头娃娃、跑旱船、秧歌、戏曲等。

6. 民俗演绎

演绎祭灶神、祭祖、婚嫁等民间节庆的生活习俗，游客可以参与其中，扮演新郎、新娘或主婚人等,亲身体验坐花轿、游后山、抛绣球等活动。如汉族民俗:春有"踏青节"为主题的民俗活动,夏有"七夕节"为主题的民俗活动,秋有"中秋节"为主题的民俗活动,冬有"闹春节"为主题的民俗活动。

7. 动物欣赏

虽然说与城市的一些养殖园相比,乡村的动物种类并不是很多,但是乡村仍旧有其乐趣所在,对此开发者可以设计观赏鱼类和农家小动物,如开展"好汉捉鸡"等活动。

8. 乡村购物

乡村购物也是一项可以设计的旅游产品,例如,每隔一天或者一周的赶集、固定时间的庙会等,游客可以在此购买民间工艺品、瓜果、干果等。

9. 节庆活动

如乡村地区通过开展"乡村青年文化节"活动,组织推出一批学用科技、致富成才、民族团结、移风易俗、美化环境、文体活动等方面的品牌活动,有效带动乡村青年文化活动开展,丰富农村青年的文化生活为主题的乡村旅游。这些文体活动包括文艺演出(如小品、相声、音乐、舞蹈等)、健美操比赛、赛诗会、读书心得、知识竞赛、板报比赛、歌咏比赛、演讲会、青少年长跑、公映爱国主义影片等。

10. 体育竞赛

开发者可以开展乒乓球、篮球、排球、帆船、雪橇、滑雪等体育竞赛活动，拔河、赛龙舟、赛马、叼羊、竹铃球、射箭、舞狮、空竹、马球、捶丸、蹴鞠等民族传统体育活动，或武术、太极拳、气功、中国式摔跤、中国象棋、围棋等传统体育项目。

三、乡村旅游产品的营销推广

（1）各地方政府在进行交流时要主动宣传自身的乡村旅游产品，正如前文中所论述的法国乡村旅游之所以发展迅速的一个主要原因就是政府主动印刷了大量的宣传手册，并在交流访问中向他国宣传。政府的主动宣传能够提高大众对乡村旅游产品的信任度。

（2）邀请旅行社与新闻媒体来进行参观是推广乡村旅游产品的一个重要途径。正所谓耳听为虚眼见为实，旅行社作为旅游活动的发起人，新闻媒体巨大的影响力能够帮助乡村旅游地区将旅游产品推广出去。

（3）在互联网时代，制作专门的形象与产品宣传片对于旅游产品的推广具有十分重要的意义。它能够帮助潜在客源更为直观地了解旅游产品，激发他们的旅游动力。

（4）将旅游产品的品牌在营销宣传册、形象宣传片、网站介绍、信息中心、旅游纪念品、旅游宣传品等地方反复应用，强化旅游产品形象。

（5）举办节事活动，参加节庆活动、展销会、博览会、旅游交易会等；集中大量媒体的传播报道，迅速提升旅游产品的知名度和美誉度。

（6）邀请电影或电视剧的摄制组到景点来选取外景，优秀的影视作品会对旅游产品起到良好的宣传作用。

（7）通过专题新闻报告、专题电视风光、专题性学术会和电视综艺节目等多种运作形式将旅游产品宣传出去。

（8）通过举办摄影、绘画、作文等系列比赛和优秀作品展览活动，或通过定期举行门票抽奖活动，使旅游与竞技、旅游与知识、旅游与幸运相结合，达到扩大景区影响、树立景区品牌、提高到访率和重游率的效果。

第四章 旅游产业与文化产业融合发展的动力与手段

旅游活动本身也是一种文化交流活动。旅游者既是文化的观摩者，又是文化的参与者。旅游过程中最吸引人、最终给人留下印象最深的是文化，可以说，文化是旅游的灵魂。文化元素作为文化的基本组成单位，是吸引游客的重要因素。所以开发者应该将旅游产业同文化产业相融合，既推动民族文化的传扬，又促进旅游产业的进步。本章分别论述了旅游产业和文化产业融合的动力和手段，有利于推进我国旅游产业同文化产业的相互融合，增强旅游产业经济链的持续发展。

第一节 旅游产业与文化产业融合发展的动力

一、旅游产业与文化产业融合发展的内在动力

旅游产业与文化产业融合发展的内在动力由旅游需求的多变性、旅游资源观的转变及旅游文化企业间的竞争与合作三大要素构成。

（一）旅游需求的多变性

当前，随着生产力、经济水平和人民生活水平的不断提高，旅游者的

旅游需求也在变化。旅游需求的满足不仅包括从消费中获取物质需要的满足，更重要的是获取心理和精神层面的满足。总体而言，旅游消费需求的多变性源于旅游市场的不断成熟、旅游者对旅游体验广度和深度的不断追求、新的旅游消费特征及信息共享的时代特征等。

我国的旅游产业发展至今，旅游产品已经逐渐分层发展，突出的表现就是旅游者对一些高端旅游产品的消费。携程网推出"鸿鹄逸游"系列产品的成功，是旅游企业开始拓展小众市场、高端市场的一大标志。相比国内"小长假出游爆棚"的大众游，小众市场的发展表明旅游市场开始出现分层，旅游产品结构开始有了消费额的高、中、低档之分，这标志着我国旅游市场开始走向成熟。旅游需求具有个性化属性，具有小批量、多品种、非标准等特点。成熟的旅游者对旅游体验的个性化和体验深度要求更高，这驱使旅游企业为了争取更多的旅游者、抢占更大的市场份额而进行创意、技术等方面的改革，将旅游产业内的要素进行优化整合，引入文化产业要素，从而使旅游产业与文化产业融合发展。旅游产业的结构也因此而改变，从而能够满足旅游者日益增长的需求。

旅游产业与文化产业的融合发展，不仅要关注旅游需求的多变性，还要明确旅游需求最明显的三大变化：一是越来越多的人追求在生态环境良好的地区完成自己的旅游生活，生态环境成为旅游者追求的核心目标。二是越来越多的人追求情感氛围更浓的旅游环境，通过旅游来促进亲情、爱情、友情等，来促进人际交往过程中的情感传递。三是越来越多的人追求文化浓郁的旅游目的地，在求知欲的驱动下，丰富自己的人生经历，感悟人类文明。在这三大旅游需求的变化中，游客对文化的渴慕是旅游需求三点变化中最突出的变化，也是推动旅游产业与文化产业融合发展的内在驱动力。

（二）旅游资源观的转变

旅游产品的创造依赖于不同形式的资源。传统理论中将旅游资源分为自然风光旅游资源、传统人文旅游资源和社会经济旅游资源等。无论是自然的、历史遗留的，还是现今创造的，对旅游者具有一定吸引力的人工创造物都具有成为旅游资源的价值。但随着社会的发展，人类物质生活丰富到一定程度时，人类对欲望的追求便逐渐转移到精神生活层面。因此，知识经济、体验经济、符号经济等众多以满足人类精神需求为宗旨的经济主题的提出，是对人类社会发展阶段的一种概括。

也有学者指出，资源能否成为旅游资源，其核心点在于能否对游客产生吸引力。只要能够产生吸引力，无论是有形资源还是无形资源，是物质的还是精神的，甚至只是追逐精神享受的一个过程，均可被称为旅游资源。这样的概括，从表面上看略显宏观笼统，但时代潮流的发展对于旅游产品的需求确实已经达到了这个层面。个性化、多元化、人本化、体验化等是当今旅游产品应该体现并满足旅游者的特点。只要是健康的、符合社会伦理的资源,都可以被称为旅游资源,这也是旅游产业同其他各产业,特别是文化产业关联度极强的原因。

因此,旅游资源观的转变使原有的单一自然风光与人文古迹等旅游资源所形成的旅游产品,已经不能满足旅游者的体验需求。对于现今的旅游产品,体验性必须是放在第一位考虑的要素。体验即是对异域文化的体验。自古至今,人类所创造的物质的、精神的一切均称为文化。所以,旅游资源观的转变是旅游产业与文化产业融合发展的内在动力。旅游资源观的转变使旅游者认识到旅游产业融合对旅游资源的丰富所起到的作用,这种观念的发展也促使旅游产业对于旅游产品的开发更具深度,对旅游产品范围的延展更具广度。

对于多数文化旅游资源富集且具备发展条件的地区,我们应通过积极开发文化旅游资源促进其保护工作;对于少数生态环境脆弱、敏感的地区,我们应实行封闭式的保护管理。切实做到有能力开发的就要很好地开发,暂时没有能力开发的就要很好地保护起来,等待后人去开发。那种绝对的保护、所谓纯自然主义的方式,既不利于环境与资源的保护,也不利于旅游产业的发展。所以,我们应该将我国文化旅游资源开发与保护和谐地结合为一个整体指导思想和行动方案,以发展为前导,以保护为支撑,既让当代人致富,又把青山、绿水、蓝天留给子孙后代,这才是真正的、完整意义上文化旅游的可持续发展。

（三）旅游文化企业间的竞争与合作

从系统论来说，在旅游产业与文化产业的融合中起主导作用的还是旅游文化企业的竞争与合作行为。这里的"旅游文化企业"是整个旅游经济产业系统内的要素，涵盖旅游活动基本要素的各个行业。旅游文化企业的本能是追求最大化的效益，而最大化的效益则来自旅游者最大化的满意度。为此，旅游文化企业必须不断地探索技术的创新和新产品的开发，不断谋求发展与壮大，不断思考如何更好地满足游客的需要，不断在变化的环境中谋求持续的竞争优势。旅游文化企业面对的环境日趋复杂，而旅游文化企业自身的经营行为又使其环境更加复杂。旅游产业融合就是这些竞争中的企业互动发展的结果，它们改变了传统的竞争和行业观念，"竞合"和"跨界"思想应运而生，形成了相互渗透、相互融合的关系。旅游文化企业所有的行为都源自旅游者的需求，所以说，消费者旅游需求的提高是旅游产业与文化产业融合的根本原因。如果企业没有为这些新需求做出努力，两大产业的深度融合也就无从谈起。因此，旅游文化企业的竞争与合作行为是旅游产业与文化产业融合的主导力量。

旅游文化企业作为旅游产业与文化产业融合的主体，对经济利益的追求是其进行融合的重要动因。文化产业要素的注入提升了旅游资源的品位和内涵，扩大了旅游产品的数量和种类，增加了旅游收入，并促进了旅游产业的发展；旅游产业与文化产业的融合使旅游成为文化产业发展的载体，同时，旅游产业的介入也扩大了文化产业的市场空间。

二、旅游产业与文化产业融合发展的外在动力

(一)市场需求的增强

旅游是社会发展到一定阶段出现的产物。随着社会的发展和工业化的进步,人们的闲暇时间日益增多,而工业社会给人们带来的财富也为旅游的出行提供了经济支持。当国家经济发展到一定程度时,随着社会生产力的提高和科学技术的进步,人们逐步从繁杂的工作中解放出来,闲暇时间日益增多,加之人们对于精神生活不断追求,旅游动机便应运而生。

对于旅游市场需求增强的理解,我们应该从旅游者出游动机增强和旅游者对旅游活动内容及由此获得体验需要的增强等入手。随着经济的增长,闲暇与经济状况允许的条件下产生旅游动机的概率不断提高。与此同时,人们生活观念逐渐改变,对于传统旅游的内容要求自然也会相应提高。走马观花式的观光旅游已经满足不了人们释放日常工作压力的需要,人们需要一种别样的精神体验和角色互换,实现在现实生活中无法得到的精神享受与追求。人们对于旅游内容个性化、多元化、体验化的追求促使旅游产品开发必须不断创新,从而满足更加多元化的旅游需求,促使与旅游相关的文化资源一改往日的文化表达形式,被赋予普遍价值观,进行二次创造,以迎合市场的高层次需求。因此,旅游需求量的增加和对质量要求的提高对旅游产业与文化产业的融合发展起到了根本的外在推动作用,促使旅游产业与文化产业融合,不断生产出新的旅游文化产品。

（二）文化体制的革新

计划经济时期文化体制的特点是，政府就像一个超级文化大公司，控制着资源并依靠行政权力和强制力手段，通过文化行政机构和文化事业、企业单位的组织体系，对文化生产和消费进行统一的计划、组织、指挥、协调和监督。

我国在改革开放之前不存在"旅游产业"和"文化产业"这两个名词，文化以文化事业称谓，旅游则以外事接待为主，两者均无明显的经济意义。文化作为传播民族思想、弘扬传统经典的有效方式受制于体制的束缚，一切文化生产和消费都有计划、有组织地进行。随着改革开放的发展，政治、经济体制的改革不断深入，市场不断开放，文化改革才慢慢显现。

我们可以按五个阶段梳理我国文化体制改革的历程，即文化市场化萌芽阶段（1978—1992年）、文化产业化起步阶段（1993—2002年）、文化体制改革试点阶段（2002—2009年）、文化体制改革攻坚阶段（2009—2012年）、文化体制改革全面深化阶段（2012年至今）。

政府文化体制的改革降低了产业间的进入壁垒，产业的生产范围不断扩大，由此，产业间的渗透、交叉和融合成为可能，产业结构趋于优化。而旅游产业与文化产业融合发展源于文化体制改革攻坚阶段及文化体制改革全面深化阶段。正是基于文化体制的改革，才出现了旅游产业与文化产业的融合发展。这种改革也是两大产业融合的重要外部动力，它促使旅游产业与文化产业融合发展拥有了更广阔的发展空间,也有利于我国传统文化精髓的传承与弘扬。

(三)技术的创新

旅游产业融合的本质在于创新,而旅游创新必须以一定的技术手段为依托。当前,信息技术的发展和创新已成为旅游产业融合的直接推动力,由此引发的信息化成为旅游产业融合发展的引擎。

旅游信息化是当前旅游产业融合发展的重要特征。在旅游资源整合、设施建设、项目开发、市场开拓、企业管理、营销模式、咨询服务等领域,我们已经广泛应用了现代信息技术,从而引发了旅游发展战略、经营理念和产业格局的变革,带来了产业体制创新、经营管理创新和产品市场创新,改变了旅游产业融合发展的方式,加快了融合发展的深度、广度和速度。比如,我们积极将网络信息技术、动漫制作技术等引进旅游产业,可以创新旅游宣传、营销方式,加快旅游电子商务的应用,催生如旅游动漫等新兴产业的崛起。

(四)其他产业的发展

目前,随着国家经济的发展和社会的不断进步,我国正处于经济转型发展时期,产业发展面临着诸多压力。其他产业与旅游产业融合,一方面是基于产业自身长期发展过程中累积的废弃资源的再利用,以增加产值、提升效益。另一方面是谋求产业更广阔的发展空间和发展方向。其他产业基于自身发展需要而主动与旅游产业进行要素的交流整合,从而促成了融合的产生。一些传统产业基于自身发展的需要，开始与旅游产业联姻，实现了本产业的资源再利用，提升了本产业的附加值，使产业链得以延长，本产业的功能置换和创新得以实现。传统产业因为机器设备的老旧与废弃、产能过剩等情况，需要刺激新需求、开拓新市场、开发新产品、培育新业态，而旅游产业为其提供了一个新的发展方向和视角，这些产业依托旅游产业完成了自身的资源再开发，创造了新价值，提升了产业本身的效益。旅游业与企业的融合不仅丰富了旅游产业态和旅游产品，而且还延伸了旅游产业链。

三、旅游产业与文化产业融合发展的相互推动力

（一）旅游产业与文化产业融合互动效应分析

融合互动是产业集成的一种有效形式，有助于在产业边缘地带激发出全新的产品，形成互生共赢的多重效应。旅游产业与文化产业可以相互依赖、相互促进、共同发展。所以，在融合发展过程中，旅游产业扩展文化产业发展空间，文化产业拓展旅游产业的内涵和外延。首先，文化产业依托旅游开发，挖掘文化，通过旅游这一载体传承、弘扬文化。其次，旅游产业依托文化资源提升旅游文化内涵，加快旅游产业的发展。最重要的是，通过旅游产业与文化产业的融合互动，能够实现文化的附加值，达到两大产业经济效益"双赢"的目的。实际上，两大产业的互动能够充分彰显区域文化，从而实现区域经济的最佳效应。

1.旅游产业拓展文化产业发展空间

文化产业依托旅游市场,以自己的独特方式和途径逐渐发展,而旅游在这一过程中充当了显而易见的载体。更多的人通过旅游产业对文化有所认识和理解,由此促进了文化的发掘与传承,实现了文化资源的保值、增值,甚至是创新,因此旅游是文化发展的强大推力。游客对传统文化的好奇心是旅游中挖掘文化资源的关键因素。要满足旅游者的需求,就得注重对传统文化的传承与保护,让人们更清楚地认识到传统文化的延续与复兴的关键性,从而增强对文化的保护意识,带动文化体制的不断完善。

2.文化产业拓展旅游产业的内涵和外延

旅游产业与文化产业是相互依赖、相互促进、共同发展的,两者的关系密不可分。从旅游产业的角度来看,蕴含文化因素的旅游产品相比其他旅游产品更有吸引力和市场竞争力。这样旅游产业依托文化产业,不断优化升级旅游产品,满足旅游产业多样化、个性化的市场需求,旅游产业的内涵与外延得到了扩展。

一方面,我们在旅游产业中注入文化,以文化的创新打造旅游文化产品,使静态的文化资源成为动态的文化旅游产品,从而延续了旅游产品的生命周期。文化的创新设计与文化资源的动态展示提高了资源产品的吸引度,提高了旅游效益。最明显的是,文化的引入提升了旅游产业的文化内涵,文化产业的介入不断扩展旅游产业的外延。

另一方面,旅游产业具有明显的季节性,而且经常受气候的影响。这是阻碍旅游产业发展的一个突出问题。在这种情况下,我们可以通过文化产业产品的介入解决此问题。文化是旅游的灵魂,能提升旅游的层次,关键是要走内涵式发展道路。只有在文化产业与旅游产业的融合发展上寻找突破口,将提升文化内涵贯穿到旅游发展的全过程,我们才能改变游客走马观花式的传统观光旅游模式,促进旅游产业提质升级,从而实现由门票经济向旅游目的地建设转变,增强旅游地的核心竞争能力。

(二)旅游产业与文化产业融合发展的相互作用

旅游和文化如同人的身体和灵魂,没有文化的旅游,则失去了灵魂魅力;而没有旅游的文化,则失去了发展形态和活力。旅游产业和文化产业在本质上都具有经济性和文化性,在实际发展中,它们也密切关联、相互促进。总体而言,旅游产业对文化产业的发展具有引导和扩散作用,而文化产业对旅游产业的发展则具有渗透和提升作用。

1.旅游产业对文化产业具有引导和扩散作用

通过旅游的引导和扩散作用,区域文化得以彰显,而以游客作为载体与外地文化进行交流和传播扩散;旅游的发展为文化资源的整合、开发提供指导思路和依附载体,我们可充分挖掘和整合区域文化资源,促进区域文化产业结构体系不断形成并完善,从而进一步促进其规模化与市场化。除此之外,旅游的发展还可促进民族文化和历史遗产的延续与弘扬,实现文化保护与开发的良性互动。

2. 旅游产业能促进文化资源的开发、保护与交流

文化资源的历史性、时代性、无形性和脆弱性等特点，注定了其发展的艰难性并需要外在的辅助条件。无形的历史文化和有形的文物遗迹很容易遭到现代文明的冲击而失去其原有的光芒，也容易受到自然环境的侵蚀而残缺不全、光辉不再，此外，随着时代的发展，其价值也会不断地被忽视和淡化。面对文化保护和发展这个严峻问题，政府出台了一系列保障文化发展的相关政策，并从财政上加大对文化开发与保护的投入，呼吁社会公众增强文化保护意识并参与其中。但是，财政投入的资金相对有限，对社会公众的调动作用有限，不能完全满足实际需要，文化资源的开发与保护仍旧是文化产业发展的"瓶颈"。我国漫长的历史积累了丰厚的文化资源，其历史悠久、种类多样、内容丰富、独具特色，具有强大的吸引力。在当今旅游兴盛的时代，将文化资源开发打造成符合现代市场需要的旅游产品，具有巨大的经济价值；随着旅游产业的发展，文化资源的开发利用能带来可观的经济收入与较高的社会关注度，这又能为文化资源的保护提供充足的资金支持与社会重视。因而，旅游产业的快速发展可以解决我国文化保护与发展面临的严峻问题。

（三）文化产业对旅游产业具有渗透和提升作用

文化是旅游的灵魂，没有灵魂的旅游是空洞无味的，会给人散漫的感觉，不易长期吸引游客的兴趣。我国有五千年的历史，历史文化和文物古迹丰厚；我国是多民族国家，各民族的居住具有小聚居、大杂居的特点，

其民俗风情、建筑风格、宗教信仰不尽相同，这些都为我国旅游产品的生产提供了多样化的旅游资源类型和深厚的文化底蕴，对国内外游客具有强大的吸引力。

文化虽是静态的、无形的，但是具有强大的精神魅力。随着科学文化素养的不断提高，人们对于文化的渴求也日益增加。越来越多人的旅游目的之一便是追求不一样的文化体验，拓宽视野和知识面，旅游中文化的魅力越来越大。以前，我们只能通过文字、口耳相传等方式来了解古代的、异域的文化；现在，随着科学技术的发展，高新技术手段能够将隐性文化显性化、静态文化动态化。旅游产业因为文化的不断渗透而能够制造出更为丰富和更具魅力的文化旅游产品，打造更具市场吸引力和竞争力的旅游景区。

传统旅游景区往往拥有丰富的历史文化遗迹等文化资源，而身处其中，游客只是静态观赏和听导游解说，不能直观地感受和领悟，这种旅游方式已不能充分满足游客的需求。随着文化产业自身的发展及与旅游产业的融合，根据市场游客的需求，我们可借助现代科学技术手段，将传统文化资源进行梳理和整合，融入新的创意，改变传统的以静态文化旅游产品为主的状况，打造立体的、动态的、多样化的文化旅游产品，提升旅游产品的文化内涵和档次，将文化精髓更有效地传达给游客，满足其精神文化需求。

第二节　旅游产业与文化产业融合发展的手段

一、旅游产业与文化产业融合发展的资源整合手段

（一）以规划整合带动资源整合

旅游与文化资源的整合不仅是小区域内的排列组合，还是全国在旅游与文化整体发展规划下进行的整合。规划整合就是在已有成熟线路基础上，达成"大点带小点、长线引短线、宽面分窄面、大圈带小圈"的规划思路。大点与小点是以景点的等级及价值为区分点，大点即精品线路中的世界遗产或国家 4A 级以上旅游景点，而小点指地域性的旅游文化景点；长线与短线是以线路在交通上的可进入性及线路上景点的价值为区别，长线指连接处于主要交通干线上的或者价值较高的景点旅游线路，而短线则指连接处于次级交通干线或小点的旅游线路；宽面与窄面、大圈与小圈主要是指旅游景点与旅游线路结合而成的旅游网络的大小。因此，旅游的规划整合实际上就是对"点、线、面"的整合，即旅游上经常出现的"点轴"思路。点的选择至关重要，是整合的基础。整合过程既是"大化小"的过程，又是"小成大"的过程。这就要求在规划时以大点为基础，结合同级大点成为长线和大面，同时以大点为中心，整合同类文化内涵相似或者互补的小点资源，形成一个个以中心为辐射点的小圈，最终形成"大圈带小圈、小

圈促大圈"的互动格局。

（二）以核心产业整合支撑产业

依据旅游产业与文化产业内部各行业与旅游消费的关联程度及产品属性，我们可将旅游文化产业分为核心产业与支撑产业。其中，核心产业是直接为旅游消费者提供旅游服务的文化旅游企业群，如文化旅游景区、文化旅游演艺业等。支撑产业是为核心产业提供物质支持、交通支持和各类支撑服务的相关企业群，如交通运输业、文化工艺品制造业、餐饮业、金融服务业等。核心产业与支撑产业是共生的关系，相互促进，互为支持。核心产业的发展需要针对性的支撑产业，而支撑产业的完善又需要核心产业做引领，两者循环促进、共同发展。具体而言，就是要结合核心产业的特点及要素，以其为指导来发展支撑产业，最终实现核心产业与支撑产业共赢的局面。以核心产业整合支撑产业，就是要根据核心产业的需求去安排相应的支撑要素，构建核心产业良好发展的平台。

（三）以不可移动的资源整合可移动资源

旅游资源与文化资源是否可移动与其是否有形紧密相连。一般认为，不可移动的旅游资源和文化资源以物质为载体，而可移动的旅游资源和文化资源则常以非物质为载体，不管是物质的还是非物质的资源，都可以通称为旅游文化资源。可移动非物质旅游文化资源本身具有小、散、乱的特征，在整合开发中具有与生俱来的劣势，资金匮乏、经济发展、民俗流失等都会造成其传承的间断；而不可移动的旅游文化资源由于其物态性质，可以长期存在发展并以旅游资源和文化资源的形态传承，但如果内涵开发不够，其发展就会受到制约。结合两者特点可知，借不可移动的旅游文化资源整合可移动的旅游文化资源，能很好地解决非物质旅游文化资源因非物化形态而难以传承、物质文化遗产因内涵开发不够而难以发展的缺点，两者的整合可以实现相互促进、相得益彰。

（四）以文化资源整合旅游资源

整合旅游资源不仅是对景点文化内涵的挖掘，还应该是在资源整合驱动下的产业资源整合。因此，通过对文化与旅游两大产业内部的各个分支部分进行整合，可以达到全面整合的目的。

1. 影视传媒业、节庆会展业与旅游资源整合

旅游产业与文化产业的交互融合程度直接影响着旅游文化产业发展的高度，两者相互依托、相互渗透。我们借助以下几个方面来整合旅游资源会有一定的整合效果。

一方面，借助大众媒体来整合非物质文化遗产资源。这需要借助电视这一比较直观的媒体，通过广告电视作品或拍摄专题纪录片来直接展现其现状。这适用于商品类遗产，如剪纸作品、醋、酒、传统美食制作技艺和传统中医养生等。杂志作为一种比较有效的宣传方式，也应该被考虑。据调查，境外游客了解旅游资讯的主要手段除口头传递之外，便是杂志和网

络，因此尽可能邀请外国旅游杂志的记者与编辑，并将一部分广告经费投放于有影响力的旅游杂志是必要而且可行的。至于网络对旅游的作用则更显著，所以加强多功能、多语种旅游网站的建设，通过图片和视频等来展示旅游资源至关重要。另一方面，借助影视作品或节庆会展等媒体事件来整合现有物质文化资源或已经转化为旅游资源的非物质文化遗产资源。影视作品对旅游文化资源的影响不容忽视，可以有效发掘资源文化内涵、提升文化品位。影视文化凭着自身强大的娱乐功能与宣传效应，能够吸引观众前去影视拍摄基地游览，回忆和体验故事中主人公的行为经历，印证故事片段的发生地。同时，影视作品对旅游地的展示时间较长，这会对潜在旅游者形成身临其境的刺激，使其转化为现实旅游者。

2. 艺术品、工艺美术业与旅游产业的产业资源整合

目前，国内旅游产业的发展忽视了旅游需求的不同层次，所开发的旅游产品缺少层次性、多样性和特色性。而国内文化产业消费不足，很多传统技艺的传承发展受到资金制约未能继续。以上问题可以通过艺术品、工艺美术业与旅游产业的融合来解决。融合的实质即借助相对成熟的旅游产业市场开拓文化消费市场，不断丰富文化产品的层次及内容，在更大范围内促进工艺美术业的发展，形成文化产业与旅游产业共同发展的双赢模式。

3. 休闲娱乐业与旅游产业的产业资源整合

旅游产业是食、住、行、游、购、娱等六要素俱全的产业体系。总体来看，我们要将文化产业中的休闲娱乐业与旅游产业进行深度融合，并用

文化要素充实旅游产业的娱、购功能。我们还应变普通的观光旅游为丰富的参与性旅游，调动游客的积极性来吸引游客。在具有情景开发价值的景区，如在乔家大院、平遥古城、莺莺塔等景点，我们可以让游客白天进行景点观光，晚上观赏艺术表演，身临其境地体会景区源远流长的故事，从而提升旅游品位，增加旅游趣味性。通过以上措施，我们可以扩大旅游产业规模，延长产业链条，促进上下游产业的发展。除此之外，我们还要积极借鉴国外其他地区文化资源与旅游资源融合的实践经验，建设一批集旅游、购物、娱乐、休闲于一体的旅游文化景区和文化旅游主题公园。在强化旅游功能配套的同时，整顿不合理文化，融入时尚文化，合理开发娱乐休闲项目，将历史与现代有机结合，营造让游客流连忘返的文化旅游项目，进而促进国内产业结构调整，拉动国民经济又好又快地发展。

二、旅游产业与文化产业融合发展的市场整合手段

市场整合理论是在实践中不断发展和完善的，而旅游市场与文化市场整合理论也在不断演化和发展。旅游产业与文化产业融合发展的市场整合手段，可以细化为旅游市场与文化市场的空间市场整合、旅游市场与文化市场的营销阶段整合和旅游市场与文化市场的时间整合。

（一）旅游市场与文化市场的空间市场整合

众所周知，旅游产业与文化产业融合发展会形成一个新的产业——旅游文化产业，而在旅游文化产业领域所生产的产品即旅游文化产品。旅游

市场和文化市场的空间市场整合是研究某一旅游文化产品市场价格变化对另一旅游文化产品市场价格变化影响的程度。从理论上讲,在完全竞争的假设下,处于不同区域的市场之间进行贸易时,某产品在输入区的单价等于该产品在输出区的价格加上单位运输成本,如果输出区的价格变化会引起输入区价格的同样方向和同等程度的变化,则称这两个市场是完全整合的。空间市场整合通常可分为长期市场整合和短期市场整合两种。长期市场整合指两个市场的价格之间存在长期的、稳定的联系,即使这种长期均衡关系在短期内被打破,最终也会恢复到原来的均衡状态。短期市场整合指某一市场上该产品价格的变化会立即在下一期引起另一市场上该产品价格的变化,它反映了市场之间产品价格传递的及时性和价格反应的敏感性。如果某个国家的任何两个市场之间都是整合的,则称这个国家的市场是整合的或一体化的。实际上,任何一个国家的市场都不可能完全整合,完全整合是一种理论状态。

(二)旅游市场与文化市场的营销阶段整合

旅游市场与文化市场的营销阶段整合是指不同营销阶段的整合,主要研究同一商品在某营销阶段的价格变化对下一阶段价格变化的影响程度。如果旅游文化商品在不同营销阶段的价格满足"下一阶段价格＝上一阶段价格＋营销成本",则此旅游文化商品营销阶段之间是整合的。例如,批零市场整合,即某商品的批发市场和零售市场之间的整合。

（三）旅游市场与文化市场的时间整合

旅游市场与文化市场的时间整合主要研究某商品的现期价格变化对后期价格变化的影响程度。当满足"后期价格＝现期价格＋储藏费用"时，则成为旅游文化市场的时间整合。

三、旅游产业与文化产业融合发展的营销整合手段

营销整合的概念源于管理学。在管理学领域，营销整合所要解决的关键问题是企业与外界的融合问题，即在整合基础上实现与竞争者"和平共处"，让消费者高度满意。现将营销整合视为旅游产业与文化产业融合发展的手段，则是指以游客为中心，对不同地市、不同资源的相关营销因素进行重组，统一旅游与文化的发展目标，统一区域或地区文化旅游的整体形象，以此来传递给国内外游客文化旅游的综合信息，实现吸引游客的目的。

（一）景点营销整合

就单一景点来说，要从内部提高旅游文化景点的文化内涵，根据不同地区的特色资源及重要营销事件来构思不同的营销方式。

（1）对于国际公认、知名度高的优秀旅游资源，如平遥古城、清明上河园、云冈石窟、张家界森林公园等，我们可以遵循"大景点支撑"理念，在发展时直接把现实的旅游文化资源开发成旅游产品，并保持其原貌，形成精品旅游景区，构成国际旅游文化体系中的尖端旅游文化产品。

（2）对已失传的传统文化，我们可以按照历史记载，挖掘题材，恢复

历史面貌，以人造景观的方式历史再现民族文化。山西襄汾"丁村古村落"便适合这种模式，通过仿照当年样式的建筑及民俗，向游客表演如何使用原始农具耕作、原始车船运输等古老的传统习俗及各种民俗，再现当年远古人类的劳动和风俗习惯，以此吸引大量国内外游客。

（3）对一些传统民俗节日和历史事件的发生地，我们可以借助具有一定时效性的旅游事件，构成区域文化旅游活动的时间多样性，借此进行整合，比如通过举办牛郎织女旅游文化节、峨眉山国际旅游节等营销事件进行旅游营销。

（4）对于包公祠一类的文化景点，可以在旅游旺季，特别是"五一""十一"小长假及民俗节假日，由文化传播公司联合承办节庆演出，并与新闻媒体紧密结合进行广告造势、亮点宣传，重点突出大宋包公文化，借助影视宣传来扩大知名度。比如开封连续多年举办"菊花节"，利用这个独创性载体，通过新颖的系列文化活动及与国内外游客的交流，大幅度提升开封古城的知名度和美誉度，同时让国内外游客了解开封、关注开封，从而提升开封的经济和社会效益。

（5）对于一些民间文学的发生地景区，我们可以采用情景营销方式进行整合，即在旅游过程中给游客塑造一种小场景，使游客身临其境感受到自己成了情景中的一个角色，打造"角色融入式旅游"；或者以拍电影的形式将旅游地的文化做成剧本，角色由游客来饰演，制成简短的电影片段，向游客收费后由其自己保管。这样的营销创新既可以增加旅游地的吸引力，又使游客感觉充实，能够提高整合效益。

（二）区域整体营销

不同地区之间的营销整合主要是对营销方式、营销人才的整合。中国地大物博、人口众多，各地区在经济发展、交通网络、资源禀赋方面各有差异。地域之间的营销整合主要是以旅游产业与文化产业为核心点，建立有效的营销服务平台。在营销理念上，各个地区要保持一致理念，致力于将各自景点打造成全国旅游文化基地，在类似及互补资源方面要坚持营销方式与资源存在方式求同存异的观念，通过有力的宣传促销来创造强有力的旅游文化品牌。在营销环节上，我们要与旅游文化产品的开发紧密相扣，使游客充分参与旅游文化品牌，体验品牌的多层次、多样性，同时通过营销方式的整合及旅游文化产品的设计，满足游客的层次化、定制化、特殊化旅游需求。在营销人才上，我们要加强国内各地区及省际旅游营销人才的合作与交流。在营销方式上，我们要借鉴运用分类营销、捆绑营销、有奖营销及季节营销等新型营销方式，使营销宣传的旁侧效应最大化，最终通过这些举措真正达到营销资源共享、营销人才共创、营销创意共思、营销效果共喜的整体营销整合局面。

四、旅游产业与文化产业融合发展的政策整合手段

（一）政策整合概述

旅游产业和文化产业在我国国民经济与社会发展中的重要作用已经受

到了中央政府的高度重视，旅游产业已全面融入国家经济社会发展战略体系。保证旅游产业和文化产业的可持续发展，健全旅游产业和文化产业的政策是必然的选择。

产业政策是政府为改变产业间的资源分配和各种企业的某种经营活动而采取的政策。旅游产业和文化产业的政策整合实际上是政府为了实现一定时期内特定的经济与社会发展目标而制定的针对旅游产业和文化产业发展的许多相关子政策的总和。政府一般通过制定政策整合来有效地对旅游经济进行干预。通过制定符合本国国情的旅游产业和文化产业政策，国家能有效提升旅游产业和文化产业的国际竞争力，促进旅游产业和文化产业的可持续性发展。

1. 符合国家产业发展的重点

从经济产业特征和发展前景来看，健全我国旅游产业和文化产业政策整合符合我国产业政策制定纲要的工作重点方向。旅游产业与文化产业是朝阳式产业，正处于新兴发展阶段，发展后劲十足。国家已把旅游和文化产业确定为第三产业的重点，明确将其作为第三产业中"积极发展"类产业重点发展。

2. 符合经济发展的客观要求

旅游产业和文化产业的发展能扩大内需，这是毋庸置疑的。从发挥旅游产业和文化产业扩大内需的功能来看，加快制定政策是必然的选择。把旅游产业与文化产业确定为国民经济的新增长点，这种提法就是在旅游产业和文化产业具有扩大内需潜力的基础上论证的。为了实现我国经济的快速、持续增长，加快制定旅游产业和文化产业融合发展的政策也是发展市场经济的客观要求与必然选择。

3. 符合旅游产业与文化产业本身的特点

旅游产业与文化产业的融合具有依托其他行业及与其他行业有很大的关联性等特点。它的发展会涉及许多部门和行业，不仅需要各个部门之间的有机合作，往往只靠某一个旅游部门或者某一级政府是不能完成的，而且需要通过国家的产业政策加以宏观指导，这也是确保国家对旅游产业与文化产业发展有效推动和调控的手段。

4. 政策制定具有现实可能性

目前，我国制定产业整合政策的条件已经成熟。实践中，我国旅游产业和文化产业发展的方向性、原则性、趋势性问题已经比较明确，这些有利条件决定了我国出台旅游产业和文化产业的政策整合具有现实可能性。

5. 政策制定具有现实必要性

目前，政策制定的现实必要性主要表现在旅游产业和文化产业发展速度相对缓慢，不同地区之间更是悬殊；基础设施的制约因素大范围存在，旅游产业与文化产业的整体效益难以得到发挥；国内知名的品牌产品少，市场竞争力不强；旅游产业和文化产业融合程度低，产业结构有待调整完善；相应的旅游产业和文化产业发展的政策较为滞后；我国颁布实施的相关法规还不能满足现实需要。因此，政策制定具有现实必要性。

（二）旅游产业和文化产业政策整合策略与政府调控思路

1. 把握旅游产业和文化产业政策制定的主体

首先，发挥政府的主导作用。我们要充分发挥政府的指导、引导和倡导作用，为旅游产业和文化产业的发展创造良好的社会、经济、文化和自然生态环境。旅游产业与文化产业的高效持续发展，需要政府对其进行规划、规范、指导和控制；要发挥各级政府部门、职能部门的领导调控作用，同时需要处理好各级政府与企业及市场间的关系；要明确旅游产业和文化产业的管理主体、管理权限，防止管理混乱、令出多门的现象；要形成产业调控能力，加大政府导向性投入，广泛调动起全社会投资发展旅游产业和文化产业的积极性。总之，通过政府的调控，资源可以得到有效配置，旅游企业和文化企业的经济利益也能够得到保护。随着我国政治体制与经济体制改革的深入，政府主导型产业势必会产生转化，演变为政府指导型、政府协调型产业。

其次，企业层要深化改革。政策要按照市场经济要求，改革旅游与文化企业体制，积极推进多种形式的产权制度改革，搞活中小企业。一方面，走集约化经营道路，调整旅游与文化企业结构，实现跨地区、部门、行业的集团化大型企业、专业化中型企业、网络化小型企业的企业格局，创新企业的经营模式。另一方面，积极吸引国际资金、社会资本，要使民营资本进入旅游与文化行业，参与开发建设与经营，建立多元化投入的市场运作机制。

最后，根据比较优势理论，要加快培育旅游企业竞争力，增强竞争意识。

2.探索完备的旅游产业政策体系

根据市场的发展需要，国家要不断完善旅游和文化政策，明确旅游与文化经济的发展方向，指导旅游与文化经济的全面发展。这些政策主要包括以下方面。一是产业定位政策，即要明确旅游与文化产业在国民经济中的地位，这是一切具体政策的源头和根本。二是产业导向政策，即旅游与文化产业发展所应坚持的原则和方向。三是产业市场政策，即要明确和强调市场导向的观念，这是市场经济对产业政策的基本要求。四是产业布局政策。产业布局宏观调控政策的目的和作用主要是调整结构、转变增长方式，其中包括经济结构调整、产业结构调整、产品结构调整等。五是产业投入政策。国家应鼓励社会各方面的资本投入旅游与文化产业，贯彻"五个一齐上"和"内外资并用"的方针。六是产业组织政策。国家应要求加强旅游与文化市场主体的培育，为旅游与文化企业创造公平竞争的发展环境，实施适合经济特点的产业组织政策。七是产业保障政策。旅游产业和文化产业政策能否有效实施，在很大程度上取决于保障手段。要支持旅游与文化部门贯彻实施好产业政策，应以法律法规等形式保证产业政策的实施。

3.完善旅游产业政策的立法程序

产业政策制定的过程实际上是各方面、各部门利益主体知情、表达意见和利益博弈的过程，政府在立法过程中要坚持公开、透明、民主、参与的基本原则。首先,针对目前产业政策立法起草的主体单一、部门利益倾向严重等突出问题,政府在实际的政策制定中要采取多部门联合草拟的方式,形成良好的利益表达机制。其次,在政策操作中,政府要对项目的可行性和必要性进行论证,吸收公众参与,做好调研,应将该立法的背景、意义、目的、目标、进程、方案选择、总体内容,以及公众和专家参与的方式、途径、程序、具体办法等在一定范围内进行公告,在公告期间要保障公众能充分表达意见。最后,政府要建立立法的跟踪评估机制,保持对立法全过程的监督,保证立法机构能够及时修订和纠正法律法规自身存在的缺陷,进一步改进立法工作,不断提高立法的质量。

4. 形成旅游产业国际合作与竞争的政策支持环境

随着我国旅游产业与文化产业国际地位的不断提高,国际合作与交流日益加强。我国积极参与世界旅游组织和地方旅游组织的各项活动,不断走向世界,不断扩大与主要客源国的交流。通过国际合作,交流发展旅游产业与文化产业的经验,在实践中,能够借助对方的力量来克服自己的不足,加速旅游产业与文化产业发展的进程。通过国际竞争,政府也可以培养较高素质的旅游产业与文化产业,从而进一步完善本国和地方的旅游与文化市场,为旅游产业和文化产业的健康、长期成长奠定基础。我国要加大对国际交流合作政策的支持力度,积极创新与外国企业的合作方式,支持本国旅游企业参与国际市场的竞争并给予必要的资金、人才等方面的支持。旅游产业和文化产业政策内容和形式也应该体现出这种政策导向。当然，需要注意的是，旅游与文化市场的开放是一个渐进的发展过程，要避免形成由于政策支持力度不够，造成旅游产业和文化产业不能适应竞争激烈的市场环境而过早成为衰弱产业的局面。

第五章 乡村旅游与文化产业融合发展模式与机制

第一节 乡村旅游与文化产业融合发展模式

乡村旅游与文化产业融合作为一种特殊的经济文化现象,是两大产业发展到一定阶段时必然面临产业转型升级的客观要求。乡村旅游与文化产业融合,旅游因为文化的渗透而变得丰富多彩,富有品位;文化因为旅游的开发而变得生机勃勃,富有活力。关于两者的融合模式有很多,笔者认为当前流行且切实可行的模式主要有政府引导型、市场主导型、旅游带动型、文化带动型和文旅一体型等。

一、政府引导型模式

本书认为政府引导型模式主要应围绕政府、政策和环境展开。

(一)转变政府角色

为了促进乡村旅游与文化产业的融合发展,政府的角色转变需要体现在以下几个方面:

第一，政府要为乡村旅游与文化产业融合发展创造良好环境。这包括为促进两大产业融合发展而制定相关政策和法规，同时还要制定政策规范知识产权市场。

第二，政府要为乡村旅游与文化产业融合放松产业管制。这包括为促进乡村旅游与文化产业融合发展而改革传统管制、体制及政策，以此来逐渐消除我国目前乡村旅游管制模式当中的行政垄断、条块分割等阻碍乡村旅游与文化产业融合发展的不良现象。

第三，政府要为乡村旅游与文化产业融合发展出台相应的产业政策和技术政策。这包括为促进两大产业融合发展而改革政府规制机构、规制政策，加强激励性和社会性规制的深入改革，发展高新技术并强化其在乡村旅游与文化产业融合发展当中的重要作用。

（二）提供政策支持、法规保障和管理协调

鉴于政府在乡村旅游与文化产业融合中扮演的不同角色，本书构建了基于多角度的政策支撑体系。

1.在政策支持方面

政府要通过打造相应的平台并提供优惠政策和资金支持，来引导和推进两大产业的融合发展。第一，打造旅游平台。政府应建设"文化创意产业园区"、举办"节庆展会"活动，为乡村旅游和文化产业的融合发展创造有利条件。第二，制定优惠政策。这主要包括提供发展政策、土地流转政

策和税收等优惠政策,来扶持乡村旅游和文化产业的融合发展。第三,给予资金支持。政府应设立和筹集不同性质的资金并培养企业对资金有效利用的能力,同时加大自身对资金统筹和运营的能力,通过加大支持力度来促进乡村旅游与文化产业的融合发展。具体方式有成立产业融合基金会,并设立包括会展基金、动漫旅游发展基金、影视旅游发展基金、旅游演艺发展基金和旅游电子商务发展基金等在内的多种专项基金。

2. 在法律保障方面

以文化创意产业与乡村旅游的融合发展为例,二者的融合是通过创意思维进行要素整合、主题策划和产业创新的结果,这种融合模式和创意成果的突出特点是极易被模仿和复制的,因此法律要采取有效措施来对创意成果进行有效保护。具体而言,不仅要保护创意成果本身,还应包括由其衍生的知识产权、版权、专利权和商标权等。只有这样,政府才能通过对知识产权的有效保护,来形成促进乡村旅游与文化创意产业融合发展的法律环境和竞争环境。

3. 在管理协调方面

政府作为乡村旅游与文化产业融合发展中的协调者,应该做到以下几点:首先,要厘清管理体制、消除多头管理和行业壁垒,即改变目前旅游景区景点同时分属旅游局、林业局、文物局和园林局管理的复杂局面,消除不利于乡村旅游与文化产业融合的政策规制。其次,要重设管理机构、加强统一管理,即要在各相关部门抽调一定的人员重新创建一个新机构——文化产业园区管委会,使其对乡村旅游与文化产业融合项目行使统一审批、规划、管理和服务等职能,从而为乡村旅游和文化创意产业的融合发展创造有利的政策环境和服务保障。

(三) 形成产业融合共识、营造发展环境

目前,在乡村旅游呈现无边界特征、产业发展出现新融合趋势、旅游需求呈现新特征、旅游发展遭遇新瓶颈等前提和背景下,旅游行政主管部门要形成产业融合共识,即文化产业对乡村旅游的发展具有渗透和提升效应,而乡村旅游对文化产业的发展具有引致和扩散效应,因此产业融合是两大产业转型升级、实现跨越的内在规律和必然趋势。

在形成这种产业融合发展观念的基础上,政府要培育文化产业与乡村旅游融合发展的有利环境,形成产业融合所需要的"激活思维",加强企业间的合作并依托网络技术为文化企业和旅游企业提供"资讯、交流、营销、商务、交易"的综合产业平台,为乡村旅游与文化创意产业融合创造直接合作机会。只有这样才能源源不断地为乡村旅游提供具有独特卖点和核心竞争力的文化创意旅游资源,并最终促进两大产业互动共生的融合发展。

从旅游开发者的角度看,更多追求的是经济效益。然而过度追求经济效益不仅影响旅游者的旅游体验,而且在一定程度上破坏历史文化遗产。我们的政府应该积极倡导以人为本,更加注重旅游者的旅游体验。因此,

依托旅游市场发展文化产业、保护与弘扬民族历史文化不仅是可行的，而且是必须的。文化的价值在于延续，依托旅游市场发展文化产业，政府要避免文化的变质。在旅游与文化的结合、乡村旅游与文化产业的融合中，政府要以监护者的身份协调保护与开发，宏观调控产业经济效应。旅游的主体是旅游者，政府要让游客在旅游中正确认识旅游地文化重要性，从而加强保护文化遗产的意识，而不能随心所欲破坏文化遗产。而旅游地与旅游者沟通的工具是旅游解说系统。通过旅游解说，让游客准确地理解、认识、欣赏文化，传承弘扬文化，进而实现保护文化的目的。

二、市场主导型模式

（一）提高大众认知力，引导旅游消费

在当今旅游消费需求日益提升的背景下，对于乡村旅游和文化产业而言，培养具有一定数量和水平的消费群体，不仅可以扩大基础消费市场，同时还能引导并参与创意的形成和生产的转化。为保持乡村旅游和文化产业融合持续、健康、稳定地发展，在目前的乡村旅游和文化产业已融合的文化乡村旅游领域内，相关部门可以通过以下三种途径来吸引更多的旅游消费者：

第一，培养旅游大众的认知能力并提高其对旅游文化产业的接受程度。当前随着我国数字网络技术的高速发展和人民生活水平的不断提高，网络服务方式日渐成为培养旅游大众的重要途径，这对提升旅游创意产品认知

力和接受力具有显著效果。因此，旅游文化产业可以与新闻出版社、印刷服务业相结合，通过建设数字广播电视信息平台、博物馆、虚拟图书馆、数字电影放映网络系统和文化旅游在线高峰论坛等高科技手段远程指导旅游者。这种方法很大程度上培养和拓宽了消费者对国内历史文化特色的了解和对旅游文化产业的认知，为旅游文化产业的多元化和普及化发展提供了强大的驱动力。

第二，挖掘旅游消费者的需求变化，开发符合其心理需求的旅游文化产品。发展旅游文化产业实际上是通过引导旅游文化消费需求来倡导开拓新的消费空间、培育新的消费群体，以此实现通过深层次旅游消费拉动经济稳步增长的长远目标。因此，国内的新型旅游文化产品和项目开发，应从旅游者的角度出发，根据其需求层次和认同感的差异，有针对性地设计和生产不同类型的旅游创意产品。在内容上，通过整合两大产业资源、营造旅游文化氛围，设计生产和营销推广集文化性、艺术性、实用性、附加值等于一体的旅游商品或工艺品、纪念品。在形式上，通过改造博物馆、环城公园等富有历史感和文化气息的地方，运用创新理念和高端技术，策划并打造出集旅游观光、休闲社区、度假房产等新颖的乡村旅游形态；以此来更好地满足旅游者不断提升的需求心理，同时开拓新的消费市场，创造更大的产业价值。

第三，设立旅游服务咨询处，引导旅游者正确选择和参与相适应的旅游活动。以开封为例，根据开封市人民政府《关于开封市支持旅游产业发展的若干意见》(2012年)，相关部门大力支持旅游综合服务中心项目建设和旅游信息咨询服务网络体系建设。这就是指开封在2012年至2015年，市政府安排一定资金，用于引导开封市旅游综合服务中心建设，使城市东、南、北入城口三个旅游综合服务分中心，以及市内商务区游客服务中心项目建设同步展开；同时，要在市区内火车站、汽车站、游客主要集散地及旅游景区周边设立旅游信息咨询服务点，至2015年底，开封已经建成覆盖新老城区、数量不少于20处服务点的旅游咨询服务网络体系。

这样市民就能通过相关旅游服务来参与社区旅游一体化的建设，从而形成强烈的市民参与旅游发展意识，有利于形成乡村旅游与文化产业融合发展的良好氛围。而且随着旅游者需求的不断提高，旅游资源的范畴也在不断拓展，按照李天元编著的高教版《旅游学概论》(高等教育出版社，2008年)对旅游资源所做的分类，居民好客精神也属于社会旅游资源的一个重要类别，因此乡村旅游与文化产业的融合发展不仅能为两大产业的融合发展提供更广阔的发展思路，而且能够促进当地居民参与到社区旅游一体化的建设当中来，通过相关旅游服务形成与旅游者的良性互动。

（二）开发文化旅游产品，挖掘文化旅游需求

旅游有不断扩展的庞大市场，把文化产品打入旅游市场，可以不断宣传推广文化产品从而加快文化产业的发展。这就是所谓的产业融合。但是融合不能盲目打造销售产品，而是应该根据市场需求一点点推进。乡村旅游与文化产业的融合一定要根据市场，找出融合的契机，才能充分发挥市场的资源配置作用。只有以市场为导向的产品才是有消费市场的,这样的产品才是满足消费者需求的产品。

在产业融合中企业是载体。旅游消费者的需求具有多样化、个性化的特点,而企业为了提高经济效益,必须生产满足市场需求的新旅游产品。这种新的高端旅游产品就是旅游与其他产业融合的产物。尤其是文化旅游产品是乡村旅游与文化产业融合产生的。所以,乡村旅游、文化产业的相关企业通过交流与合作,取长补短、共享市场,形成较为完善的融合产业。

新创意会衍生出无穷的新产品、新财富、新市场和新商机。创意产业的源头是鼓励新创意的产生,因此,激发旅游者新的消费欲望和购买潜力是新创意的市场基础。发展旅游文化产业,培育新的消费群体,实际上是立足于顾客价值创造、挖掘消费新需求、倡导开拓新的消费空间进而实现消费拉动经济的增长模式。

旅游文化产品消费因其消费内容主要是观念价值而属于精神需求产品。消费者的心理需求有极大的潜力和空间,是马斯洛的需求层次理论的题中之义。因此,最大化考虑并激发和挖掘旅游文化需求,便成为从顾客价值创造的角度设计和生产产品的必然要求。同时,还应根据消费者需求层次的差异和价值认同的差别,有针对性地开发旅游文化商品或创意旅游产品,通过不断创新旅游文化产品来激发消费者的潜在需求,从而实现创造新需求、获得新财富的双重目的。

三、旅游带动型模式

旅游带动型融合模式可分为主动融合模式和被动融合模式，而乡村旅游与文化产业融合发展属于主动融合。乡村旅游主动融合模式的特征主要表现为以下几点：

第一，乡村旅游融合的本质原因是旅游服务跨越产业边界及被融合产业中能使旅游服务得以应用和扩散的资源载体，因此，乡村旅游主动融合中的被融合产业需要具备有形的资源载体，才能与旅游服务这一无形要素结合起来改变被融合产业的产业链及产业功能。

第二，乡村旅游主动融合初期主要是基于原有产业的资源要素形成了新型的旅游产品，基于该产品数量的丰富和质量的提升，逐渐形成了满足旅游者旅游六要素需求的其他衍生旅游产品。随着原有产业链中产品生产环节的改变，资源开发与产品销售环节也发生了根本的变化，从而改变了原有产业的产业功能，形成了新型旅游产业态。

第三，乡村旅游主动融合早期阶段表现为旅游新产品的生产，后期逐渐发展为旅游新业态的产生。旅游新产品及新业态丰富了目前乡村旅游的产品体系，改变了原有资源观对旅游开发和规划的限制。

基于旅游带动型主动融合模式特征的分析，本书提出旅游带动型主动融合模式下乡村旅游融合发展的相关建议，以期更好地指导实践中旅游主动融合现象的发展。

（一）改变旅游资源观，鼓励乡村旅游与文化产业主动融合

乡村旅游与文化产业主动融合时，文化产业需要具有吸引游客、开发利用、产生效益等特征，三者构成其成为旅游资源的可能性，然后旅游服务才能对该产业进行旅游服务功能的延伸融合。在国务院和、文化和旅游部有关文件精神的指引下，全国各地的乡村旅游与文化产业融合发展掀起了新的热潮，除了早已遍地开花的工业旅游和农业旅游以外，旅游地产、旅游演艺、旅游装备制造、旅游电子商务、影视旅游等也得到了迅猛发展，乡村旅游与文化产业融合领域大为拓展，融合深度也有所加强。在乡村旅游主动融合中，国家相关政策已经在积极倡导乡村旅游对文化产业的融合，相关部门在对文化产业的选择上不能过于盲目，要基于乡村旅游融合的理论基础，有选择、有步骤地开展乡村旅游融合。政府改变旅游资源观促进乡村旅游与文化产业融合时，需要对共用资源要素进行辨识，主要选择开发可能性大且吸引力大的资源。政府在改变资源观的同时也需要注重旅游者的需求。当旅游活动从传统观光向休闲度假和体验旅游发展时，旅游者的需求已不再是具备单一观光功能的旅游产品，而是满足其参观游览、休闲度假、娱乐体验等多种旅游需求的综合性旅游文化产品。相关部门在决定旅游产品时要基于对旅游者需求的把握从而改变旅游资源观，使项目具有针对性和市场可行性。当已有的观光类旅游产品不再对旅游者产生足够吸引力时，政府可以针对旅游者的需求将一些文化资源及民情民风等资源

开发为旅游产品，推进乡村旅游与文化产业的融合。旅游资源观的改变能够拓宽乡村旅游融合的文化对象，相关部门要充分利用旅游资源，进而实现乡村旅游与文化产业融合的发展。

（二）开发旅游相关产品，促进乡村旅游与文化产业主动融合

乡村旅游与文化产业主动融合期间，首先是基于文化资源平台延伸旅游服务，形成新型旅游文化产品；其次，基于该产品不断衍生出相关旅游产品，从而改变原产业产品设计、开发和销售环节，实现产业链的转变。旅游相关产品的开发要以被融合文化产业中的资源载体为基础，否则容易导致旅游新业态失去被融合文化产业的产业特色。在乡村旅游对农业文化的主动融合中，餐饮产品的开发应以绿色饮食、农家餐饮为主，住宿产品的开发应基于农村住宿文化资源体现农业旅游特色，旅游商品的开发也应以农业文化产品或农村手工艺文化产品为基础。以被融合文化产业资源为基础的旅游相关产品的开发与核心产品一起形成旅游新业态的旅游新产品体系，从而更好地体现融合新业态的特色，更好地满足游客的需求。

（三）因地制宜，促进乡村旅游主动融合

政府在制定乡村旅游与文化产业融合的相关政策上，仍然需要注意因地制宜、因时制宜。乡村旅游与文化产业主动融合中对被融合文化产业的选择主要取决于该产业中的文化资源基础。我国各地区的文化产业各具特色，并不是所有地区都适合乡村旅游对文化产业的主动融合。近年来，海南省创意推出博鳌亚洲论坛，实现了旅游与论坛的成功融合；青海省积极

打造环青海湖自行车赛事，实现了旅游与体育的成功融合。因此，旅游与文化产业主动融合应结合不同地区的优势产业和特色产业，有针对性地选择被融合文化产业的相关资源。

四、文化带动型模式

（一）文化旅游节庆会展融合模式

文化旅游节庆会展融合模式是指发生在具有紧密关联的不同产业之间，使得原本各自独立的产品或服务在某一共同利益的刺激下，通过节庆会展的形式重新组合为一体的融合模式。节庆会展融合模式最突出的代表就是通过节庆和会展来实现两者的融合，主要借助于各种节庆展会平台吸引大量人流、物流与信息流，从而带活举办地的旅游经济。丹东中朝经贸文化旅游博览会已成功举办两届，博览会主要包括商品展示交易、国际经贸论坛、文化交流、旅游合作等四大板块，朝鲜民族艺术团为博览会奉献了艺术盛宴，朝鲜的人民艺术家创作的美术作品也参加了展出，来自朝鲜的精品美食更让人们大饱口福。此外，博览会还首次推出工业旅游项目，游客可体验手表制造过程，为丹东乡村旅游增添了新亮点。丹东通过展会的形式，让外界了解朝鲜的风土人情，同时提升了丹东在国内外的知名度。

（二）文化驱动旅游融合模式

文化驱动融合是指以发展文化为目标，以赋予了创新文化的旅游产品为媒介的融合模式。通过文化驱动融合，旅游产品被赋予新的精神内涵和更多的市场竞争力，以此形成新的融合型产业体系。文化驱动模式严格控制在文化产业和乡村旅游范围之内，以文化产业为引领，主要是文化创意产业延伸到乡村旅游。

（三）文化旅游圈融合运作模式

文化旅游圈融合运作模式是一种集约化的经营开发模式，是指为了获得最佳经济效益、社会效益和环境效益，以文化旅游资源为核心组成的具有一定地理范围的协作和集聚区域，对区域内的文化要素和旅游要素进行有机整合和集约包装，再以某种载体集中展示给游客，其最终发展目标是本土文化旅游圈内交通和通信联系网络化、文化旅游资源开发利用集约化、旅游经济发展规模化、旅游接待规范化等，如文化主题公园、文化旅游村、文化博物馆等就是运用此种模式。该模式的成功运营将有利于整合旅游圈内文化旅游资源，促使圈内各功能区的旅游功能更为合理，实现文化旅游资源优势向文化旅游竞争优势的有效转化，这对于具有良好文化旅游资源禀赋的地区来说是最优的选择。如张家界利用民族文化打造大型歌舞史诗《魅力湘西》，通过文化创意策划吸引世界眼球，成功跻身国家文化产业示范基地名录，被盛赞为"旅游文化演艺经典"。这标志着世界自然遗产地武陵源风景区的文化乡村旅游又迈上了一个新台阶。

（四）凤凰文化产业对乡村旅游的主动融合

1. 凤凰古城文化产业的发展

湖南凤凰古城，被新西兰著名作家路易·艾黎称赞为中国最美丽的小城。

它有着悠久的历史、铺着青石板的大街小巷、民族特色的吊脚楼、苗族的银饰文化及服装文化、美丽的沱江风光和极具民俗风情的篝火晚会等，与此同时，政府又通过政府主导、市场运作、公司经营、群众参与等方式将湖南凤凰打造为天下凤凰，因而凤凰的乡村旅游逐步形成。2001年，黄龙洞投资公司接手后，在"凤凰不仅是凤凰人的凤凰，也不仅仅是湖南的凤凰、中国的凤凰，而是天下人的凤凰"理念指引下，实施了一系列宣传活动，通过名人、名城、名山、名水、名风情效应，宣传推介"天下凤凰"，提高凤凰知名度。2003年，凤凰举行首届"南方长城中韩围棋对抗赛"，以后每两年举办一次的"人为棋子地为盘"世界著名围棋大师对决，吸引了众多眼球；这一年，由著名音乐家谭盾创作并担纲指挥的大型音乐水上演奏晚会在沱江河畔举行。2004年，10多名著名歌唱家来到凤凰，以凤凰为题材的歌曲在古城唱响。2006年，香港凤凰卫视高层、节目主持人以及中国以凤凰冠名的地区、著名企业的相关人士，在这里举行了"天下凤凰聚凤凰"活动。2009年，丽江·凤凰双城水墨书画联展、中国苗族银饰文化节等活动成功举办。2015年，凤凰精心推出"品百味民俗，游千年古城，赏万家灯火"主题年节活动，吸引了50余万游客体验民俗年文化。

2. 凤凰古城文化产业带动乡村旅游的融合发展

凤凰县围绕旅游，加大整合民族民间工艺资源力度，扶持旅游商品加工企业发展，大力开发服饰、食品、工艺品、文化艺术品以及风光和民俗音像、名人名著、蜡染、扎染、银器等民族文化旅游商品。通过精加工、集约化、创品牌，使小作坊有了大眼界、小商品形成大产业。据统计，凤凰县仅面向游客从事银器加工生产的企业或作坊就多达几十家。精品景区有扩展后的沈从文展览馆和熊希龄展览馆，沱江游道三期工程、"烟雨凤凰"山水实景晚会、凤凰国际风情园、八角楼公园、南华山景区、凤凰国家地质公园等项目建设早已竣工。沱江夜景和凤凰古城夜景亮化已打造完成。古唐城整修和景区配套设施建设已运营，黄丝桥古城景区已成为凤凰旅游新的目的地和游客集散地。与此同时，星级宾馆酒店、交通运输、文化娱乐产业、旅游商品专业市场、批发市场等联合发力，带动了商贸流通、运输仓储业、房地产业、批发零售业等的快速发展，促使旅游产业成为拉动经济增长的重要支撑点。

五、文旅一体型模式

文旅产业一体化融合是指文化产业和乡村旅游在一定空间范围内，通过产业规划的一体化、发展的一体化、产品的一体化、服务设施的一体化、市场的一体化和管理的一体化等手段，实现产业你中有我、我中有你的一体化融合发展。乡村旅游与文化产业一体型融合模式的特征主要体现在以下几点：

第一，乡村旅游与文化产业一体型融合的本质原因主要是旅游服务和文化产业的无形要素及其在文化产业上得以应用和发展。乡村旅游与文化产业一体型融合中需要二者均为软要素驱动的产业，才能基于软要素的扩散去改变被融合产业，同时需要二者间具有较强的关联性，才能实现无形要素在另一产业得以应用和扩散。

第二，乡村旅游与文化产业的一体型融合实现了融合产业间的相互改变，因此能够获得更多的创新。乡村旅游与文化产业一体型融合模式同时包含了主动融合和被动融合，实现了乡村旅游与文化产业链的共同创新，在乡村旅游融合实践中目前主要表现为乡村旅游与文化产业之间的融合。虽然创意产业与乡村旅游之间的融合也具有一体型融合的特征，但是目前在实践发展中的表现并不显著。

目前，实现乡村旅游和文化产业一体化发展模式的主要代表性样本是建设文化乡村旅游园区。

2009年，国务院推出《文化产业振兴规划》，将发展文化产业提升为国家战略，许多地方随即将文化产业作为支柱性产业来进行重点培育，大力兴建文化产业园区，并积极制定众多优惠政策。截至2014年，文化和旅游部先后命名的国家级文化产业示范园区和文化产业示范基地分别达到8家和204家，其中，开封宋都古城文化产业园区和张江文化产业园区是第三批被批准的国家级文化产业示范园区。

由此可见，文化（旅游）产业园区是资源、技术、市场、功能、业务等在地理空间上集聚形成的具有鲜明特色的功能区域。它通过培育扶持和催生壮大具有自主创新能力和核心竞争力的大型文化企业集团，来充分发挥集聚效应和孵化功能，从而为提高我国文化产业整体发展水平注入强大的动力。因此，文化产业园区是乡村旅游与文化产业一体化发展的最佳载体。

目前我国各级文化（旅游）产业示范园区和示范基地已经创造了累计超过 900 亿元的收入总额，这充分显示出文化产业示范园区在培育文化企业茁壮成长（孵化器）、促进文化企业发展壮大（助推器）、推动文化产业持续发展（加速器）等方面的重要作用。放眼全国文化产业与乡村旅游的一体化融合发展，在政府的积极推动和引导下，各地文化产业发展已经初步形成了"以国家级文化产业示范园区和基地为龙头、以省市级文化产业园区和基地为骨干、以各地特色文化产业群为支点"，共同推动文化产业加快发展的格局。

总体来看，在乡村旅游和文化产业一体化发展的背景下，各地区要根据本区域的资源禀赋、地理区位和市场特征等，充分考虑自身定位和旅游文化产业布局，努力形成错位发展、优势互补的格局，走产业差异化优势发展道路，即确定乡村旅游和文化产业的核心，以产业为主体、产品为重点，通过编制科学的规划和制定政策来促进乡村旅游与文化产业一体化发展。

（一）强化政府职能，为文旅一体化融合提供政策保障

文化乡村旅游是一项涉及面广、带动性大、关联性高、辐射力强、体验性与参与性强的综合性产业，它的发展离不开政府的高度重视和相关部

门的大力支持。对此,政府要充分认识并加大政策扶持力度,从而实现旅游文化的有机融合和快速发展,使旅游文化尽快成为区域经济发展新的增长点。首先,政府部门要高度重视乡村旅游和文化产业的发展,制定长远的科学发展规划,确立针对乡村旅游和文化产业发展的指南和布局导向。比如,建立专门的产业发展组织机构,制定合理的管理制度,出台相应的产业培育和促进政策,在旅游文化经济的大框架下,推动文化资源与乡村旅游间的跨部门、融合式发展。另外,开发新的旅游文化产品时需要大量资金投入,各级政府部门应当给予一定的财政金融倾斜或资金支持,逐步加大政府引导性投入,协调旅游相关部门的参与,发挥市场机制,不断改善文化旅游发展环境,多渠道增加乡村旅游的投入,优化融资环境,拓宽融资渠道,提高融资效益。政府有关部门也应积极支持旅游文化企业进行更新改造和技术创新,切实解决文化旅游企业存在的困难,落实发展项目,改善旅游文化产业发展的外部环境。

(二)加大宣传力度,营造文旅一体化融合的氛围

加强旅游宣传,是乡村旅游赖以生存发展的重要手段。没有文化创意活动的营销,就不会有源源不断的游客。旅游产业和文化产业的融合发展也需加强旅游文化景区整体形象的宣传,以招揽更多的游客。首先,发挥旅游文化协会组织的作用。协会可以充分发挥服务、协调功能,开展旅游文化讲座,提供行业发展动态;帮助建立旅游文化信息网络,宣传、推介

文化旅游产品，为消费者提供信息服务；协助质量监管工作，组织会员订立行规行约并监督遵守等，这有助于乡村旅游和文化产业新成果的推广应用。其次，合理利用各种媒体。旅游文化开发离不开各种媒体的宣传推动，从传统的平面媒体、广播电视到新兴的网络信息服务媒体，媒体在旅游文化开发中的重要作用日益凸显。湘西永顺的王村因《芙蓉镇》这部电影而闻名；2004年《印象·刘三姐》这部山水实景演出作品把阳朔变为真正意义上的旅游目的地，极大地推动了广西旅游文化产业的发展。同样，其他旅游文化地区也可以利用电影或宣传片等媒介形式，将特有的文化魅力加以传播，将特色的文化旅游产品加以推广。

（三）优化产业结构，加快文旅一体化融合的步伐

产业结构合理化是指产业与产业之间协调发展能力的加强和关联水平提高的动态发展过程。要加快乡村旅游与文化产业有机融合的步伐，就要进一步规范乡村旅游与文化产业的经营与管理，优化旅游文化产业的结构。在优化旅游文化产业结构进程中，政府要从现有旅游文化资源禀赋、开发现状及存在的问题等实际情况出发，使旅游文化成为一种新的产业来促进区域经济的增长。旅游文化的核心就是要从旅游文化空间布局、旅游文化产品布局、旅游文化目标市场结构等方面对旅游文化产业进行战略布局。在乡村旅游空间布局方面，政府可以在文化旅游圈发展的基础上，综合考虑文化乡村旅游发展过程中所关联到的乡村旅游、文化产业等众多部门，

加速部门之间的整合，形成完善的产业链；在旅游文化产品结构布局方面，政府除了保留传统的旅游产品之外，更应打造出旅游文化产品的特色，使之成为旅游文化产业的标志；在旅游文化目标市场结构方面，政府应构建新的旅游文化产品销售渠道，形成统一的旅游文化市场。

（四）完善经营管理机制，提高文旅一体化融合的效率

科学完善的经营管理机制可以有效提高旅游文化开发商或经营主体等利益相关者的管理效力和决策实施速度，提高乡村旅游与文化产业融合运作的效率，增强旅游文化景区的竞争能力与生存能力。要完善旅游文化产业的经营管理机制，最根本的就是面向市场，加快相关文化旅游开发商及经营主体的体制改革和旅游文化景区开发管理的体制创新，按照市场运作规则指导旅游文化产业发展。在加快相关旅游文化开发商或经营主体的体制改革方面，政府要按照现代企业制度的要求，构建统一开放、竞争有序的现代文化市场体系，推动国有旅游文化开发商或经营主体的改制重组，增强其市场竞争力；除此之外，政府还应采取多种形式推动中小旅游文化开发商或经营主体改革，鼓励多种经济成分参与旅游文化产业的发展，积极扶持中小旅游文化开发商或经营主体向经营专业化、市场专业化的方向发展。在加快旅游文化景区开发管理的体制创新方面，政府要继续探索旅游文化景区按照政企分开、事企分开，以及所有权与经营权、管理权分离运营的有效途径，推进旅游文化景区开发管理的体制创新，并采取独资、外资、合资、租赁、承包和出让开发权等方式，吸引多方投资参与文化旅游经营。在建立规范的文化旅游市场运作规则方面，政府要重视建立旅游文化统一市场，培育旅游文化目标客源市场、旅游文化产业供给市场及旅游文化要素市场等，还要协调地方利益与外来企业的关系，保障各文化旅游企业获得公平的竞争环境。

第二节　乡村旅游与文化产业融合发展机制

一、政策机制

乡村旅游和文化产业融合发展不仅从微观上改变了产业的市场结构和产业绩效，而且从宏观上改变了一个国家的产业结构和经济增长方式。产业融合是传统产业创新的重要方式和手段，有利于产业结构转型和产业升级，提高一个国家的产业竞争力。在乡村旅游和文化产业融合的新趋势下，政府应从多个方面来考虑以制定出促进我国乡村旅游融合发展的政策措施。

（一）创造良好的政策环境

良好的政策环境可以促进产业融合的发展。目前乡村旅游和文化产业融合的实践主要是得益于国家对旅游产业和文化产业的大力支持，得益于旅游产业作为新兴产业，各种管制和垄断尚未形成。但是随着乡村旅游和文化产业的不断发展，就会涉及诸多成熟的经济部门，原有的政策措施或者管制措施如果不及时调整，就会影响乡村旅游融合进一步发展。因此，政府要进行规制调整和机构改革，为乡村旅游融合发展创造良好的政策支持环境。

（二）制定产业融合激励政策

在充分认识企业是乡村旅游和文化产业主体的基础上，政府应顺应两者的发展趋势，在观念上进行创新，在战略上实施转变，从多方面、多角度促进企业进行融合。国家通过制定相关的产业、财政税收、金融等政策措施来激发内在的驱动力，鼓励企业进行跨界经营、混合兼并、实施战略联盟等行为，从而实现资源的合理流动，在技术和市场开发方面共担风险。政府要着力培育有竞争力的大型旅游企业，充分发挥大型旅游企业在产业融合中的主体作用。但在促进旅游与其他企业一体化综合发展、做大做强的同时，政府和相关部门要防止垄断的产生，以避免市场的畸形发展。

（三）鼓励技术创新

从产业融合理论的角度看，技术创新是技术融合与产业融合的重要条件和保障。技术创新使旅游产业和文化产业的科技含量不断提高，为乡村旅游与文化产业的发展注入新的活力和增添新的内容，加速乡村旅游与文化产业的融合和结构优化的步伐，是乡村旅游和文化产业的直接推动力。因此，政府应重视和鼓励关联度高的产业技术创新，尽快把一些高新技术，尤其是信息技术，尽快应用到旅游和文化产业中，为乡村旅游和文化产业的融合搭建公共技术平台。政府还应鼓励与旅游相关技术的研发、推广，对进行技术更新的旅游企业给予政策支持。

（四）引导旅游消费

乡村旅游和文化产业融合是以旅游者的需求变化为导向的，旅游需求的多样化是促成两者融合的主要因素。政府可以从改变人们当前的消费内容和工作方式创造新的旅游需求入手，来引导旅游消费。目前，对旅游消费需求的制约不是收入问题，而是闲暇时间缺少的问题。由于假日改革滞后等方面的原因，带薪假期不能很快实现，这使得人们的出行受到约束，旅游的消费停留在初级状态，旅游消费结构升级缓慢。因此，可以通过假日改革等措施引导旅游消费，拉动旅游经济。随着经济的发展和人们收入水平的不断提高，旅游需求将会不断升级，乡村旅游和文化产业融合的拉动就会实现。

（五）发展旅游教育

在知识时代，唯有重视人才和加强人力资源的开发利用，才能适应社会的发展趋势。乡村旅游和文化产业融合的发展对跨行业复合型人才的需求不断增加，高端、复合型旅游人才是实现产业融合的关键。在旅游教育中，要以大旅游的思维，以产业融合的范式去理解旅游产业与文化产业的发展空间，培养具有融合战略观、跨行业驾驭能力、高业务水平的人才，以适应未来行业发展的需要，消除乡村旅游融合的人才瓶颈。因此，要根据产业动态进行旅游教育体系的调整,既要培养提供行业基础服务的技能型人才,又要培养富于创造性的高级人才。

(六)积极构建促进融合的宏观、中观、微观带动体系

乡村旅游与文化产业的融合发展不仅可以使二者获得更大的市场空间、增强发展后劲,而且有利于我国实现产业结构的合理化、高级化。政府可积极构建促进融合的宏观带动体系、中观支持体系与微观引导体系,以促进文化产业与乡村旅游的深度融合。

1. 构建促进融合的宏观带动体系

(1)在政策上积极引导

首先,政府在制定产业政策时应充分强调乡村旅游与文化产业的重要性,深化社会各界对其产业内涵、产业特性及产业运营状况的认识,提高对其发展的重视程度。其次,政府在相关政策表述中要强调文旅融合的发展方向,从文化和旅游的角度提出文旅融合的构想。再次,政府要营造宽松自由的文化环境,鼓励多种形式的文化创新。只有富于特色和创新能力的文化产业才能与乡村旅游更好地融合,进而形成优质的文化旅游产品。最后,政府要打造友好的旅游环境,以开放的姿态走向世界。

(2)在管理上密切合作

根据目前的体制,我国的旅游工作和文化工作是由两个不同的部门分别来进行管理,所以要实现旅游和文化的深度融合,就需要加强两个部门的协同配合。工作中,两个部门之间应注意理顺工作关系,消除融合障碍,

建立旅游与文化部门的联合工作机制,及时解决两大产业之间的问题,妥善处理产业发展关系,规范行业发展,实现互动共赢的局面,为两大产业深度互融扫除体制性障碍。

(3)在技术上引领发展

技术的进步是文化产业与乡村旅游融合发展的必要条件,技术研发耗资巨大,需要政府的大力资助和扶持。在这方面,政府应起到鼓励科研、引领创新、推动融合等作用。

(4)在实业上示范带动

政府在市场经济中是"看不见的手",政府的经济行为对市场具有一定的导向作用。通过政府牵头,兴建一部分产业融合的标杆示范项目,如建立具有旅游功能的文化产业园区、博物馆、主题公园等,均会对经济主体产生示范带动作用,进而达到促进文旅融合的目的。

2. 构建促进融合的支持体系

(1)切实落实政策

对于国家关于促进乡村旅游与文化产业融合发展的纲领性文件,地方上应认真学习、深刻领会,并根据各地不同的资源禀赋及产业特征制定出具有针对性的产业融合策略,把国家的产业引导政策落到实处。

(2)城市鲜明定位

给自己的城市以鲜明定位,以定位促进融合,这是很多城市的促进融合策略。鲜明的城市定位就好像一个产品的品牌一般,昭示了该产品的文化内涵与产品宗旨，使人一目了然、印象深刻。

（3）整体发展观念

采用整体发展的思路促进乡村旅游与文化产业的融合，以达到集体效应最大化，这是一种经济"共赢"的表现，具体包括圈层建设与产业集群两方面。要落实文化产业与乡村旅游的融合政策，地方政府应站在大文化、大旅游的高度对二者进行整合，而不只是拘泥于一区一地，有条件的地区可规划"文化圈""旅游圈"等圈层，实现地区间的整体发展。此外，乡村旅游与文化产业可以通过集群化发展共享基础设施和市场资源，减少交易费用，降低成本。同时，二者还可以借助集群化的优势，敏锐地获得双方的最新市场状况，及时做出产品与运营方面的调整，实现时时融合；游客也可以方便地在二者的聚集区获得更多更好的旅游和文化服务，使供求双方均产生增益。

3. 构建促进融合的微观引导体系

（1）经济性与科学性相结合。

在开发文化旅游资源时，政府和企业不仅要关注资源的经济性，还要注意资源开发及管理过程中的科学性。首先，盲目和不合理的开发不仅会影响已开发资源的品位，同时还会给后期的加工及再开发带来不利影响。其次，资源管理也要具备科学性，对于已经开发的资源，政府和相关部门要科学管理、科学维护、科学发展。

（2）融合产品的市场性与创新性相平衡。

很多旅游产品在与文化的融合过程中会涉及文化原真性问题，政府应积极引导运营主体注意尊重文化的原真性，有些项目甚至有必要请相关专家进行论证，不能只注重产品的市场性，而忽略了其文化真实性，应做到原真性与市场性的平衡。

二、组织机制

产业融合往往发生在产业的边界和交叉处，必然带来产业边界的模糊或消弭，并通过市场融合改变传统的市场结构，使其发生更为复杂的变化。产业融合建立了产业、企业组织之间新的联系，促进了更大范围的竞争。有的企业在这个过程中结成联盟、加大合作，有的企业则破产倒闭、合并重组。借助哈佛学派的产业组织理论，按照 SCP（Structure-Conduct-Pertormance）框架对产业融合进行分析，可以发现组织的融合主要体现在产业融合对市场结构、市场行为、市场绩效这三个方面的影响和改变。融合的生产力必然带来融合的生产方式。新的组织形式也在这样的过程中演化而成。

在乡村旅游融合发展的过程中，旅游产业的产业环境、市场环境、组织环境等均发生了巨大的变化，这些变化对旅游组织的影响尤为深刻。旅游企业在充分考虑市场的供求条件以及自身与其他企业关系的基础上，必须在产业融合过程中对企业的战略选择和经营模式进行调整，采取新的竞合战略。许多旅游企业都围绕产业融合的核心内容进行开放式经营，借助外界技术革新和政策条件的支持同别的企业建立开放合作的企业关系。

（一）组建多元化旅游集团

纵观国际旅游企业发展的轨迹，我们可以发现，旅游组织在经过扩张发展之后往往成为具有较强实力的大型旅游集团。为了适应产业融合的发展态势，多元化旅游集团将成为旅游组织的发展趋势之一。比如，成都文旅集团的业务范围涵盖历史文化街区开发、古镇开发、主题乐园开发、综合旅游度假区开发、大型体育场馆运营、旅游网站运营、节庆展会运营、文化演艺、旅游纪念品开发等，通过开展多元化经营，"发展大旅游、形成大产业、组建大集团"的多元化旅游集团形象已基本成形。

（二）构建旅游企业战略联盟

在产业融合的背景下，市场竞争日趋激烈，如果一个企业不能处理好与其他企业的竞争合作关系，那么这个企业可能就会停滞不前，甚至会衰落。乡村旅游融合涉及两个或多个产业，构建联盟已成为融合中的相关组织进入对方市场的重要方式，并成为组织快速成长的主要战略方式之一。比如，2011年1月10日，携程旅行网与成都文旅集团宣布正式签署旅游营销合作协议，全面开启成都城市旅游网络营销项目、共同包装研发成都旅游产品，在大中华地区拓展成都休闲旅游市场。根据双方的协议，成都文旅集团委托携程旅行网全面承接成都城市旅游营销方案项目，以"两岸共赏西岭千秋雪特别行程"、国际旅游之都、美食之都、大熊猫故乡等主题，结合成都丰富的旅游资源，策划并开发差异化、融合化旅游产品。通过携程旅行网全国范围的销售网络、合作伙伴、12个机场度假体验中心等线上线下资源，在全国各地营销推广成都旅游。

组织层面的融合对于乡村旅游实现真正意义上的融合尤为重要。为了顺应产业融合发展趋势，在新的产业环境中占据有利位置，有必要积极主动地进行自我调适，以适应新的竞争与合作关系。

三、市场机制

在市场经济体制中，旅游与文化产业的规模通常由市场供求双方力量对比后自发确定，旅游市场机制因此成为配置旅游资源的有效途径。然而，市场不是万能的，而是存在着许多缺陷并导致资源配置效率没有或不能达到最佳状态，西方学者称之为市场失灵。此时，市场这只无形之手在某些经济现象面前就显得无能为力，不能达到相应的成效。旅游和文化市场机制失灵的主要原因如下：

一是市场的不完全性，即垄断和进入障碍不同程度存在于现实经济生活中，完全竞争的市场是不存在的；相反，垄断构成了经济常态。垄断现象的大量存在，是实现旅游产业和文化产业帕累托最优的最大障碍。例如，在我国由于民航部门对航空交通"瓶颈"实行绝对垄断，价格机制因此被扭曲，居高不下的票价并非反映供求力量对比形成的市场价格。与此同时，政府行为的干预则进一步强化和突出了旅游和文化产业中的垄断特征。例如：实行计划经济体制时，我国为保护国内旅行社就曾严格禁止外资旅行社进入我国市场；旅游产业日趋萎缩的某些国家为防止客源流失、繁荣国内旅游市场，对本国居民出境旅游严加管制，从而人为地膨胀国内旅游需求。政府行为的干预形式还表现为除设置行业进入障碍之外的限制性规定和规章，其中又以拒绝赋予同本国存在摩擦国家的航班在本土的着陆权尤为典型。此外，某些旅游资源具有的独一无二性和不可替代性，也是旅游产业中垄断现象层出不穷的另一主要原因。

二是公共产品性质和外部性的普遍存在。由于大多数旅游资源都具有"公共产品"的性质，例如，西湖的美景、香山的红叶、海滨的"三S"(Sunlight, Seawater, Sand)风光等都是天然形成的旅游资源，因而其消费具有可分享性和非排他性。一定限度内增加一个游客的消费并不影响其他游客从这些资源中获得的享受和满足。在旅游产业中，多数旅游产品之所以成为"公共产品"，主要原因是产权界定不清晰，没有在东道社区、旅游者和旅游开发部门三者之间得到合理明确的赋权，从而使人们产生了"旅游产品具有公共产权"的思想误区。在旅游实践中，常常表现为上述三类当事人把旅游景区当成"公地"共同使用，旅游景区因此产生拥挤、污染和环境损害等外部不经济效应，市场机制却因无法消除这些外部性效应或对其施加影响而产生失灵现象。因此，从整个社会来看，由于社会成本的存在，旅游与文化市场出现大量的资源无效利用现象,因而只能处于非帕累托最优状态。

三是决策的盲目性和信息的不对称性。在旅游和文化市场中实现的经济均衡,是一种事后调节并通过分散决策而发生的均衡,它往往具有相当程度的自发性和盲目性,由此引起旅游产业和文化产业的波动和旅游资源的浪费。此外,在两者的市场关系中,还广泛存在着信息不对称和信息失真的情况;总有其中一方掌握更多的信息,或者利用信息的不对称性欺骗另一方,或者提供失实的信息,从而导致旅游和文化市场机制失效。

在旅游市场存在上述缺陷的情况下,有必要采取一系列措施进行校正和调节。可以从以下几点入手:

(一)建立和完善使乡村旅游和文化产业市场主体行为规范的法律体系

在市场经济条件下,市场经济主体的经营权利和义务是其从事经济活动必备的前提条件。因此,为了保证旅游经济活动中各经济主体的权利和义务,保障各经济主体在其权利受到侵犯时,能得到充分的法律保护,政府就必须建立和完善使旅游和文化市场主体行为规范的法律体系。目前,我国已颁布了《企业法》《中华人民共和国公司法》以及有关旅行社、宾馆饭店、旅游景区、旅游车船等方面的法律和规定,对规范旅游企业和文化企业行为起到了积极的作用。但是,由于对旅游和文化市场主体行为规范的法律体系尚不完善,因而政府对旅游企业和文化企业的行为规范和权利保证仍然十分薄弱，急需建立和完善旅游和文化市场法律体系，创造一种平等竞争的市场法制环境，以真正确立旅游企业和文化企业自主经营、自负盈亏、自我发展的市场主体地位。

（二）建立和完善使旅游市场秩序正常化的法律体系

在市场经济体制中，旅游和文化市场主体的活动及市场机制的运行都要求具有正常化、规范性的旅游市场秩序，否则就会阻碍旅游和文化市场机制的有效发挥。从目前看，我们急需建立和完善的旅游和文化市场秩序的法律体系主要包括三方面：一是有关旅游和文化市场进退的法律，即对各旅游和文化市场主体进行市场的审查、成立、管理、破产等法律法规的建立，使所有旅游和文化市场主体的全部活动都有规范性的法律依据。二是有关旅游和文化市场竞争秩序的法律，即以市场活动为中心，制定有关旅游和文化市场竞争的法律，规范旅游和文化市场的竞争行为，维护公平的市场竞争秩序，促使各市场主体平等地进行交易活动，公平地参与市场竞争。三是有关旅游市场交易秩序的法律，即通过制定有关法律，实现交易方式规范化、交易行为公平化、交易价格合理化，从而规范旅游和文化市场的交易秩序，维护各市场主体在交易中的权利。

（三）建立和完善有利于加强旅游和文化宏观管理的法律体系

为了促进旅游产业的可持续发展，政府必须把乡村旅游与文化产业的宏观管理建立在充分运用法律手段的基础上。因此，政府应建立和完善有关旅游和文化宏观管理的法律体系。一是要制定宏观调控的法律，以使价格、税收、外汇、信贷、开发建设等方面的法治化，既保证国家对旅游经济和文化经济的宏观调控力度，又为旅游企业和文化企业经营的规范性、灵活性、自主性提供保障。二是要进一步完善涉外法规，促进旅游和文化产业的对外开放和国际接轨，加大利用外资、引进技术、扩大交流和对外合作的步伐，使旅游与文化产业成为对外开放的先导产业。通过建立和完善旅游和文化宏观管理的法律体系，有利于规范政府的管理行为，使政企之间的职责以法律形式明确下来，提高国家对乡村旅游和文化产业的宏观管理能力和水平。

综上所述，市场机制决定着乡村旅游与文化产业的未来。强化市场机制，加强宏观管理是发展旅游和文化产业的关键所在，政府和相关部门要审时度势，要敢于前，敏于行，按照市场规律科学定位，寻求经济利益最大化。在现代市场中，旅游企业和文化企业应把满足旅游者的需求放在首位，只有充分满足旅游者的需求，企业才能生存发展。旅游者的需求存在差异，旅游企业受技术、资源和管理能力的限制，不能占领所有的细分市场，只能根据自己的任务、目标和内部条件等，选择对自己当前和今后一段时期内最为有利的一个或几个细分市场作为营销重点。

四、创新机制

对于"创新"的研究可以追溯到1912年熊彼特的《经济发展理论》，

书中认为"技术创新就是一种新的生产函数",也就是说,创新就是将一种从来没有过的生产要素和生产条件的新组合引入生产体系。随着经济信息化和网络化的发展,创新日益呈现出明显的集约发展趋势。此外,创新引领发展,这里所指的创新主要是指技术创新。技术创新是乡村旅游与文化产业融合发展的必要条件,技术研发耗资巨大,需要政府的资助扶持;在这方面,政府创新机制、引进人才、推动融合的作用是显而易见的。

创新是一个国家和民族进步的灵魂,更是文化产业的生命力所在。乡村旅游与文化产业融合发展不是简单叠加和硬性捆绑,它涉及乡村旅游各个要素、各个环节的创新提升。推动乡村旅游与文化产业融合发展,需要创新发展理念、加强顶层设计,不断完善相应的创新机制。政府和相关部门应大胆解放思想,坚决打破就旅游抓旅游、画地为牢、自我封闭等落后保守观念的束缚,深入探索推进两大产业融合发展的管理体制、工作机制,形成协同发力、合作共赢、相互支持、相互促进的体制机制。政府相关部门也要适时制定出台如产业集群打造、龙头企业培育、品牌项目开发、专门人才培养、投融资体制改革等政策措施,有效发挥政策的驱动和激励作用;积极推进旅游区域合作,形成资源共享、市场共有、互利共赢的发展格局。乡村旅游和文化产业都是创意产业,而乡村旅游与文化产业融合发展更是其创意的具体展现,需要强有力的人才储备和技术支撑。由于我国乡村旅游与文化产业的发展刚刚起步,人才的培养和引进机制还没有很好地建立起来,人才缺乏是目前一个亟待解决的问题。因为人才缺乏而导致的创意产业少、技术含量低、自主知识产权匮乏就成了产业融合发展的另一个重要问题。为此，政府要对乡村旅游与文化产业面临的问题进行深入的改革，大力培育集旅游与文化于一体的复合型人才，以此提升两大产业融合发展的技术水平。同时，政府还要大力发展自主知识产权，从而推动乡村旅游与文化产业融合发展的理论研究。

乡村旅游和文化产业创新机制构建的目的在于填补在旅游文化创新平台中被确认优先发展的缺口，努力实现先前所确定的战略目标和新组织机制。旅游和文化产业创新机制是创新体系内各主体间的作用机制，通过加强企业、民众、政府、旅游院校和科研机构、中介机构等创新主体之间的相互作用，共同促进体系内文化旅游创新能力培育与成长。良好有效的旅游文化创新环境和平台以及旅游和文化产业创新机制都需要企业、民众、政府、中介机构及旅游院校和科研机构等的共同打造。

（一）创新示范

乡村旅游和文化产业创新体系中某些主体的创新已获得成功，取得了较高的经济效益、政治效益、文化效益和社会效益。体系中的其他主体受利益驱动，引发模仿和攀比效应而进行创新活动。

（二）需求拉动

需求是人类社会向前发展的基本动力。同时需求也具有异质性，不同类型的要素基于自身的特征会有不同的需求。在乡村旅游和文化产业创新体系中，各要素参与创新主要是通过多种需求的拉动而实现的。首先，市场需求带动的经济效应刺激创新。旅游者对旅游文化创新的需求，直接刺激着乡村旅游和文化产业的创新。随着经济社会的持续快速发展和人民生活水平的不断提高，人们对旅游文化的需求日益增大，需求质量不断提高，且旅游者的需求处于不断变化之中，其多层次、多方面、多样化的特征愈加明显。乡村旅游和文化产业只有对旅游文化产品进行不断的创新，才能创造出更多高品位、高质量的旅游和文化产品，为人们提供优质的、满足个性化需求的旅游文化服务。其次，社会文化需求带动的社会文化效益激励着创新。旅游文化资源中许多都是文化遗产，文化遗产的传承保护需要在创新性的开发中得以实现，社会效益推动政府、文化资源管理组织、民间团体、民众等也积极参与到旅游文化创新中来。

（三）利益驱动

旅游文化消费者需求的满足能够使企业获得更多的经济效益。利益是经济社会活动的归结点。不同的社会形态主要表现为利益分配机制的不同，要素分配和产权的界定决定了社会的基本属性，追求个人利益是社会发展的原动力，同样也是旅游文化创新的驱动力。旅游文化创新体系要充分发挥个人的能动作用，完善利益分配机制，保护并充分激发旅游文化创新的原动力，利用市场手段来实现对利益的有效分配和引导是旅游文化创新体系设计的根本出发点；同时，旅游文化创新还具有一定的社会人文价值，能产生良好的社会文化效益，现代社会中政府、企业、民间组织、个人在积极追求经济利益的同时，也越来越重视社会文化效益的作用。

（四）竞争促驱动

竞争是创新的动力。尽管市场竞争十分激烈，但为了生存和长远的发展，旅游文化必须走出价格战等竞争误区，坚决走创新之路。竞争的存在也是旅游文化创新的一大外部推动力。依据旅游产品生命周期理论，旅游产品都会经历一个产生、发展、成熟、衰落的过程，为了谋求自身的生存空间或扩大竞争优势，竞争各方应努力进行创新。此时，竞争是外在的、胁迫性的动力，故称之为促动力。竞争中的互动成为旅游文化创新主体相互作用的主要内容。

此处的竞争包括市场竞争，也包括文化竞争，在全球化的今天，文化软实力已经成为各国竞争的重要因素。一个民族或国家，只有不断进行文化创新，将本民族的文化传统发扬光大，同时积极吸取外国的优秀文化成果，去粗取精、积极创新，才能在世界民族文化之林中立于不败之地。文化创新与旅游和文化产业创新是增强文化竞争力的不竭动力。

（五）技术推动

技术的革新是推动旅游文化创新的重要力量，在旅游文化创新中，传统景区的升级改造、人造景观及娱乐场所的建设、饭店的建设、市场的营销和管理等都需要先进的技术支持。现代通信技术、网络技术、数字技术等的应用，为乡村旅游和文化产业的创新开辟了空前广阔的发展空间。加速新技术的应用和发展，不仅有利于知识、信息在体系中的快速传递，还有利于文化内涵表现形式与体验形式的不断更新和丰富。

五、法治机制

(一) 乡村旅游和文化产业发展的法治需求

国家对乡村旅游和文化产业发展的目标和定位，使两者已经形成一个以旅游文化为纽带的庞大系统性产业集群。在传统的发展路径中，乡村旅游和文化产业并没有作为相对独立的产业集群整体被重视，因此，在法治发展的进程中，由于缺乏系统性的针对乡村旅游和文化产业发展法治环境的规划和设计，因此并未形成有利于两者发展的系统性法治环境。从乡村旅游和文化产业的法治环境需求来看，乡村旅游需要下列法治保障。

1. 完善的旅游与文化立法机制

市场经济，就是法治经济。要推动乡村旅游和文化产业成为国民经济的支柱性产业，就必须有保障旅游和文化产业发展的完善的法律机制，这是乡村旅游和文化产业发展对法治环境的基本需求。首先，乡村旅游需要有乡村旅游和文化产业发展的基本法，确保有关产业的基本定位、发展目标、政策支持、机制保障等有基本性的法律规范。其次，乡村旅游需要有行业性的专业性法律规范。由于乡村旅游和文化产业涉及的具体行业广泛，每个行业都有其行业发展特点，因此，在基本法的指导下，乡村旅游应该有较为完善的乡村旅游和文化产业的行业性立法规范。再次，乡村旅游需要有配套的地方性立法规范。除了国家层面的统一立法支持、保障和规范文化产业外，旅游与文化的多样性、发展的地域差异性等也要求各地地方立法机构，需要加强地方配套法规的建设。只有从基本法、行业性法规到地方立法，并形成完善的、统一的、一体化的文化产业法律规范体系，才更有利于文化产业健康快速发展。

2. 协调的旅游文化执法机制

由于乡村旅游和文化产业的特殊性，两者的发展不仅要满足我国人民对丰富精神文化生活的热切愿望，更要扎实推进社会主义核心价值体系建设，促进乡村旅游和文化产业整体规模和实力的快速提升。因此，在我国，与乡村旅游和文化产业相关的各个不同产业背后，都有相对应的行政管理部门。这些部门承担着政策制定、政策执行、审批管理和行政执法等职能。尤其是行政执法权的行使，既要打击乡村旅游和文化产业发展中的违法行为，更要保护和促进乡村旅游和文化产业的健康稳定发展。如何建立健全协调统一的执法机制，是旅游文化产业发展对法治环境的另一重要需求。

3. 公正的司法保障机制

在旅游文化产业大发展大繁荣的背景下，各种新型的乡村旅游和文化产业纠纷和冲突必将随着两者的快速发展而急剧增加。各种旅游文化资源权属关系的纷争、各种智力成果的保护与争夺、各种新兴产业机制的冲突等，都给传统的司法机制提出了新的挑战。由于旅游文化产业的创造性、科技性、智力性等重要特点，智力成果是大多数旅游和文化产业的核心价值，因此，当纠纷出现时，只有公正及时的司法保障，才能真正定分止争，保障企业的健康运行。否则,乡村旅游和文化产业遭受侵权时,相比传统产业乡村旅游更具脆弱性。

4.便捷的法律中介服务机制

旅游文化产业设立中的股权关系构建、运行中的权属界定与保护、智力成果的确立与转化等,都涉及专业的法律知识。在乡村旅游和文化产业的快速发展中,人们对法律中介服务的需求会大量增加,无论是提供咨询服务还是专业代理,都需要专门的法律中介服务机构来承担。因此,政府在促进乡村旅游和文化产业繁荣和发展的同时,一定要重视正确引导和鼓励律师事务所、知识产权代理机构、公证机构等法律中介服务机构积极参与二者的发展,为乡村旅游和文化产业发展提供法律服务和保障。

(二)乡村旅游和文化产业发展中的法律保护存在的问题

我国出台了一系列政策,对乡村旅游和文化产业进行规划和引导,并且修改和制定法律对旅游和文化产业的发展进行了保护。虽然取得了很大成就,但乡村旅游和文化产业发展仍存在着很多不完善的地方,具体存在以下几个问题。

1.乡村旅游和文化产业法律保护在立法方面存在的问题

第一,我国乡村旅游和文化产业的发展仍存在以政策支持为主,以法律保护为辅的情况。在我国乡村旅游和文化产业的发展中,政府制定了大量的政策,这不仅与我国法治化进程的发展程度有关,也与国家认识到旅游和文化产业的重要性,给予扶持和对旅游文化改革的缓慢和慎重有关,还与旅游和文化产业作为一个产业发展时间不长但发展迅速，且不断与高新技术和相关产业融合紧密相关。为此，目前在文化产业的发展中仍呈现出政策的强力扶持占主导，而法律的保护位居次位的现象。

第二，我国乡村旅游和文化产业发展中的法律制度不健全，起不到应有的保护作用。随着我国法治化进程的发展，乡村旅游和文化产业在立法保护上不断完善，但法律保护体系仍需加强。目前我国只形成了基本的保护制度，还缺乏体系化的法律保护制度。这突出表现在我国相关法律对乡村旅游和文化产业的促进、管理和规范等只是在个别条文上有所涉及，而相关司法解释却不是很完备。

第三，我国乡村旅游和文化产业发展中的法律位阶不高，权威性不够。截至目前，乡村旅游和文化产业的法律保护逐步完善，但只是部分涉及文化产业的法律保护。目前乡村旅游和文化产业法律保护都属于行政法规或部门规章，它们不仅法律位阶低，权威性不够，而且原则性较强，不具有操作性，对文化产业发展的促进作用有限。政府相关部门唯有制定单行法，提高乡村旅游和文化产业的法律地位，才能确保乡村旅游和文化产业的健康持续发展。

2. 乡村旅游和文化产业法律保护在执法方面存在的问题

第一，我国乡村旅游和文化产业发展中存在多方管理、职责不清的问题。我国乡村旅游和文化产业的行政管理由多个部门负责，主要有文化和旅游部、国家版权局、国家知识产权局等部门。各部门职责权限不够清晰，在处理有关争议问题时沟通和协调存在一定难度，有时还存在互相推诿或不作为行为。这使乡村旅游和文化产业的有关纠纷和侵权行为难以得到彻底解决，从而损害了权利人的利益，不利于文化产业的健康发展。另外，行政管理权和行政执法权集于一身，缺乏有效的监督，致使乡村旅游和文化产业在行政保护方面比较被动。

第二，我国乡村旅游和文化产业发展中存在执法不严、执行难的问题。在乡村旅游和文化产业行政执法中，存在着个别有法不依、执法不严、违法不究等现象。一方面是因为违法现象严重，行政执法人员存在政策性的集中整治而非长期严打的客观现实。另一方面则是因为存在着一些虽然经过行政部门的处理，但违法者拒不执行，权利人利益难以得到维护的问题。乡村旅游和文化产业的行政管理属于事前和主动保护行为，如使用好，可以有效保护文化产业的发展。

3. 乡村旅游和文化产业法律保护在司法方面存在的问题

第一，我国乡村旅游和文化产业中对侵权的认定难度大。在乡村旅游和文化产业的发展中经常存在仿冒或者侵犯对方权利的事情，由于我国部分法律存在本身不够完善、缺乏保护力度和执法不到位问题，导致这种情况普遍存在。至此，在乡村旅游和文化产业的诉讼中，相关部门对是否侵权、侵犯何种权利、侵权的程度等事实的认定存在很大的困难。特别是旅游和文化产业与高新技术的不断融合，加大了侵权的隐蔽性、便利性、低成本化，同时还使侵权的范围扩大，导致因侵权造成的损失增大。在诉讼中，法官对于是否侵权只能借助于专家，对于专业性的技术进行鉴定和评判，由于我国在鉴定制度上存在不完善之处，所以对于乡村旅游和文化产业诉讼中侵权的认定还是有很大的难度。

第二，我国乡村旅游和文化产业侵权赔偿额难以确定。对于侵犯乡村旅游和文化产业的侵权行为，我国法律规定了侵权者应该承担的赔偿额如下：侵权人应当按照权利人的实际损失给予赔偿；实际损失难以计算的，可以按照侵权人的违法所得给予赔偿，赔偿额包括权利人为界定侵权行为所支付的合理开支。但是由于现实中侵权行为和事实的复杂性，导致了侵权赔偿额难以计算，不能量化，同时也难以举证。由于侵权赔偿额难以确定，导致对惩罚侵权行为和保护权利人的利益造成了不便，严重阻碍权利人对乡村旅游和文化产业创新发展的积极性。

（三）完善乡村旅游和文化产业发展中法律保护的对策

1.完善立法，制定单行法，健全乡村旅游和文化产业法律保护体系

旅游和文化产业已成为很多国家的支柱性产业，是现在及未来经济发展的重大推动力。为支持和促进乡村旅游和文化产业的发展，政府相关部门应该完善立法，制定乡村旅游和文化产业单行法，提高乡村旅游和文化产业保护的法律地位，同时修改和制定其他有关保护乡村旅游和文化产业的法律，完善乡村旅游和文化产业的民事保护、行政保护和刑事保护，建立完善的乡村旅游和文化产业法律保护体系。

2. 加强执法，明确各有关部门职责，加大执法监督力度

由于乡村旅游和文化产业由多个行政部门同时进行管理，一些部门不作为或者推卸责任的情况屡见不鲜。为此，政府应明确各有关部门的职责，避免推卸责任的事情再次发生。这样，一方面能够加强对乡村旅游和文化产业的管理，另一方面可以加大对侵犯乡村旅游和文化产业的查处力度。现实中，乡村旅游和文化产业相关执法部门的执法连续性有待加强，应保持执法力度的一贯性，而不是响应政策号召的阶段性执法。尤其在我国乡村旅游和文化产业侵权严重的情况下，政府相关部门唯有加大执法力度，严厉打击侵权行为，才能营造出良好的乡村旅游和文化产业发展环境。对于乡村旅游和文化产业管理中管理权和执法权集于一身这一事实，政府一方面应建立权力分离、相互制约的机制，另一方面应加大对行政执法的监督力度。

3. 强化司法，准确认定侵权和赔偿额，切实保护权利人利益

乡村旅游和文化产业的司法保护是最后一道法律保护，也是最重要的法律保护。乡村旅游和文化产业在司法保护方面存在诉讼时间长、证据难以搜集、侵权行为难以认定、赔偿额不能量化、难以准确确定和提供证据支持等问题。这些问题困扰着乡村旅游和文化产业的权利人，同时损害着乡村旅游和文化产业发展的环境。为此，政府需强化乡村旅游和文化产业的司法保护。首先，要尽可能地快速处理产业案件，缩短诉讼周期，并且进行诉讼、调解、仲裁等的对接机制，为权利人提供多种选择。其次，应

该根据诉讼中遇到的实际情况出台解决相关问题的司法解释。再次，应加强乡村旅游和文化产业诉讼中鉴定人制度，对有关复杂的案件是否侵权等问题寻求专家的帮助，以进一步快速而准确地处理乡村旅游和文化产业的侵权问题。最后，要准确认定侵权的赔偿额，切实保护好乡村旅游和文化产业权利人的利益，保护乡村旅游和文化产业的健康发展。

第六章 乡村旅游文化产业的可持续发展

第一节 旅游文化产业可持续发展的含义与目标

一、旅游文化产业的可持续发展的内涵

旅游文化产业的可持续发展是在全球旅游产业急剧膨胀、繁荣背后的危机日益暴露的现实下提出来的。

旅游文化产业是一个资源产业,一个依靠自然禀赋和社会馈赠的产业。因此,保持优良的生态环境和人文环境是旅游文化产业赖以生存和发展的基础。然而,由于旅游文化产业"起飞"速度较快,在短短的几十年内,就一跃成为全球最大的产业。在实践中,很多国家、地区和旅游文化企业的决策者将旅游文化产业的发展简单化为数量型增长和外延式扩大再生产,对旅游文化资源进行掠夺式开发,对旅游文化景区实施粗放式管理;旅游设施建设的病态膨胀,导致自然资源遭到严重破坏,环境美学价值以及宁静度和舒适度大大降低。再加上旅游流在时空上具有相对集中的特点(表

现为旅游旺季和旅游热点、热线），旅游文化资源的破坏进一步加剧，出现了"旅游摧毁旅游"的现象。

所谓旅游文化产业的可持续发展，是在旅游产业可持续发展的基础上提出来的，即满足当代旅游者和旅游地居民旅游和文化需要的同时，保持和增进未来的发展机会，其实质是要求旅游与文化成为一个整体，以协调和平衡彼此间的关系，实现旅游经济发展目标和文化经济发展目标的统一。

旅游文化产业可持续发展思想的基本内涵包括以下几点：

（1）满足需要。发展旅游文化产业首先就是要满足旅游者对更高生活质量的渴望，再满足其发展与享乐等高层次需要。与此同时，通过利用能够吸引游客的旅游文化资源，实现经济创收，满足当地的基本需要，改善当地居民的文化生活。

（2）环境限制。旅游文化资源满足人类目前和未来需要的能力是有限的，这种限制体现在旅游文化环境承载力上。

（3）协调发展。旅游文化开发必须在环境承载力的范围内进行，必须与环境相协调，这是可持续旅游的首要标志。只有寻得旅游文化承载力的一个最优值域，并将旅游文化开发控制在这一范围之内，才能保证环境系统自我调节功能的正常发挥，进而实现旅游文化产业的可持续发展。对于可再生的旅游文化资源，相关部门必须保证其利用与该资源的"可持续生产"一致，否则就会使旅游文化资源丧失。对于不可再生的旅游文化资源，可持续旅游文化产业与其他产业一样，强调资源的节约利用、再利用和循环利用。

（4）平等享用。一是同代人之间的平等，要避免东道主地区在其旅游文化产业发展中，只使一部分居民受益，而另一部分居民只能承担旅游文化产业的大量外部经济效应。二是不同代人之间的平等，即既要满足当代人的旅游文化需要，为当代人创造旅游收入，又要满足未来各代人的旅游文化需要，保护未来各代人的生财之道。

鉴于可持续发展思想与旅游文化产业的密切关系，国际社会对于旅游文化产业的可持续发展也特别关注，国内不少学者也对此进行了大量的研究。虽然有关旅游文化产业可持续发展的相关理论还不成熟，但我国不少地区旅游文化景区的经营者已开始践行这种理念。本书认为，在不久的将来，旅游文化产业的可持续发展将会逐步实现。

二、旅游文化产业可持续发展的目标

1990年，在加拿大温哥华召开的全球可持续发展大会旅游组行动策划委员会会议上，提出了旅游产业发展的目标：

（1）增进人们对旅游所产生的环境效应和经济效应的理解，强化其生态意识。

（2）促进旅游的公平发展。

（3）提高旅游接待地的生活质量。

（4）向旅游者提供高质量的旅游经历。

(5)保护上述目标所依赖的环境质量。

旅游文化产业可持续发展目标是在旅游产业可持续发展目标的基础上提出的,由于研究视角不同,旅游文化产业可持续发展的目标也不同。从开发与保护的角度而言,本书认为,旅游文化产业可持续发展的目标包括以下五点:

(1)增进人们对旅游所产生的经济效应和文化效应的理解,强化其保护意识。

(2)促进旅游文化的公平发展。

(3)提高旅游接待地的文化质量。

(4)向旅游者提供高质量的旅游文化经历。

(5)保护上述目标所依赖的环境质量。

第二节 实现旅游文化产业可持续发展的路径

一、旅游文化企业与可持续发展

旅游文化企业在其经营活动中,应注意尽可能地节约能源,减少对环境的破坏和污染,并以适当的方式,对旅游者进行可持续发展思想的教育,承担起实现可持续发展旅游的义务。

旅游企业是能够以旅游资源为依托,以有形的空间设备、资源和无形的服务为手段,在旅游消费服务领域中进行独立经营核算的经济单位。而文化企业是以利润最大化为目标,以文化、创意和人力资本等无形资源为投入要素,提供文化产品和服务(准精神产品),以及运用这些精神内容获取商业利益的组织。而旅游文化企业是旅游企业与文化企业两者融合而成的,从广义上讲,旅游文化企业主要包括旅游饭店、旅行社、旅游交通企业等。

(一)旅行社、旅游公司及旅游交通企业与旅游文化产业的可持续发展

旅行社、旅游公司及旅游交通企业可在以下几个方面为实现旅游文化产业的可持续发展作出贡献。

1. 生产环保型旅游文化产品

开发生态旅游文化、森林旅游文化和农业旅游文化等产品,以唤起人们对旅游文化资源保护和旅游文化产业可持续发展的意识。

2. 选择具备生态旅游条件的旅游文化目的地

旅行社应当避开那些脆弱、敏感的生态文化区域。对于那些对自然生态文化资源只想利用而不重视保护或接待体制不完备的区域,即使当地有意安排招徕生态文化旅游,旅行社也应加以回避。在旅游策划的各个阶段,充分听取区域生态文化科研人员和自然文化保护团体的意见。

3. 旅游团人数要控制在适当的范围内

小团队旅游,便于领队实施有效管理,从而减少对自然生态文化的影响和破坏。

4. 正确引导旅游者的消费行为，培养旅游者的环保意识

正确引导旅游者的消费行为，培养旅游者的环保意识的内容包括：航空公司应在主要旅游航线的客机上播放有关环境保护和旅游文化产业可持续发展的宣传片；旅行社可为游客提供有关的教育手册；导游人员应在导游过程中，不失时机地以各种有效的方式正确引导旅游者的消费行为，培养旅游者的环保意识和文化保护意识，向游客灌输旅游文化产业可持续发展的思想，告诉游客关于旅游公司在环境保护方面的倡议，并使其将环保文化意识和可持续发展思想运用到家庭生活中去。

对游客进行教育的内容主要包括：对生态文化保护重要性的认识，目的地的生态文化、人文状况，进行生态文化旅游的行为规范及注意事项，目的地的有关生态文化保护的法律和规定，旅游途中的垃圾处理方法以及有助于旅游目的地的生态保护和经济发展的援助计划等。

5. 对导游和领队人员进行培训，增加其生态文化旅游方面的专业知识

导游人员与旅游者朝夕相处，因此，培养和造就有生态文化旅游专业知识和责任感的导游人员对于实现旅游文化产业的可持续发展是十分重要的。导游人员除了教育旅游者要保护生态环境，做合格的旅游者以外，还应指导游客与当地人交流，让当地人清楚游客来此是因为这里有未被破坏的自然文化及人文景观，从而使当地人意识到保护好家乡自然生态和文化传统的重要性。

6. 实现废弃物的最小化

废弃物的最小化是《21世纪议程》[①]的核心，其关键是"大产出，小投入"。旅游公司可以直接通过日常的经营活动和间接通过选择对环境产生最小影响的旅游文化产品在此方面做出巨大的贡献。

旅游公司可采取以下措施，以使废弃物减少到最低限度：

（1）通过选择具有废弃物最少的旅游文化产品来减轻废弃物负担。

（2）选择那些同意将其产品废弃物减少到最低限度的供应商，或者坚持生产厂商将非必要的包装减少到最少或重新利用。

（3）只要有可能就重复使用有关物品，或加以回收利用。

（4）负责任地处置不可避免的废弃物。

（5）鼓励职工在家中遵守废弃物最小化原则。

7. 减少能源的利用和降低潜在的具有破坏性的大气排放物排放

许多全球性的环境问题，都直接与燃烧矿物燃料有关。节约能源不仅可以对实现旅游文化产业的可持续发展作出贡献，而且可以为高效利用能源的旅游文化企业带来经济利益。

旅游公司可采取以下方法，降低总体能源的消耗和相关的排放物：

（1）培养职工的节能和环保意识，使其养成良好的节约能源的习惯。

（2）合理安装设施设备，减少能源浪费现象。

[①] 乔治·希顿，鲁伯特·里佩托，罗德尼·索宾. 技术的变革：21世纪持续发展的议程 [M]. 北京：中国环境科学出版社. 柯金良，刘文韬，余颖译. 1992.

（3）有条件时，尽可能使用对环境无害的自然能源，如太阳能、风能、生物能等。

（4）注意使用各种节能新技术。

8.保护水资源质量，高效而公平地利用现有水资源

旅游文化产业是用水大户，特别是在天气炎热时，游泳池、高尔夫球场和洗浴场所等的旅游者人均用水量高达当地社区的10倍以上。事实上，为了满足旅游者的需要，在旅游的长期开发过程中，在很大程度上剥夺了当地社区的水资源。为了使用水量降低到最低程度和保护储备水的质量，旅游公司应当采取以下办法：

（1）与游客一道减少水的需求。

（2）在适当的地方，通过设置告示牌等方式，向游客解释节约用水的重要性。

（3）在建设旅游设施时，应考虑水资源的保护因素，如果当地水资源缺乏，或者工程的建造可能导致当地用水紧张，就应考虑停建。

（4）对跨国旅游公司而言，应在发展中国家宣传推广节水技术、技巧和设施。

（5）尽可能地重新利用和回收水。

（6）鼓励职工和游客将水管理计划的内容融入家庭日常生活之中。

9.使废水排放量减少到最低限度

使废水排放量减少到最低限度，以保护水环境、保护动植物、保护洁

净水资源的质量。

10. 减少旅游交通对环境的污染

交通运输是旅游产业的生命线，旅游公司应该加强管理，以减少或控制旅游交通对环境的不良影响。

（1）提倡畜力、人力、自然能（风力、漂流）交通工具或徒步旅行，以减少对自然生态文化的污染。

（2）利用先进的现代交通技术，将进入环境中的排放物减少到最低限度。

（3）鼓励职工搭车、骑车、步行上班。

（4）交通堵塞会增加机动车废气的排放量，因此，应与供应商一道保证所购货物不要在高峰期送交，另外，分送的货物要满载。

（5）尽量购买当地供应品。

11. 加强对土地使用的规划与管理

可持续旅游文化产业发展依赖于加强对土地使用的规划与管理，旅游公司可以采取以下行动：

（1）评估新开发旅游文化项目潜在的环境、文化、社会和经济影响。

（2）开发新旅游文化产品时，特别是在开发小岛时，应考虑总体承载力和资源制约。

（二）旅游酒店经营与旅游文化产业的可持续发展

上述实现旅游文化产业可持续发展的经营原则和方法，已在各旅游饭店得到较为广泛的利用，并已取得良好的经济和社会效果。很多国家开始大力发展环保型的"绿色饭店"。其主要特征是：

（1）采用节能设施设备，减少对能源的浪费。

（2）停止使用煤、重油、柴油、煤油等污染大气环境的燃料，改用管道天然气、液化石油气、电等清洁能源。

（3）注意回收旧报纸、易拉罐和玻璃瓶等，并将有机物垃圾专门堆放在一起。从1996年2月起，新加坡20多家大型酒店开始把用过的空玻璃瓶收集起来加以再循环利用，并按透明、棕色和绿色等不同颜色分类集中，在半年多的时间内收集到空瓶重达46吨。这个由新加坡旅馆协会推行，并获得环境部支持的酒店玻璃瓶收集计划，也仅是新加坡旅馆协会各种环保活动之一。

（4）采取各种措施，节约用水。酒店是用水大户，每天都要使用大量生活用水和洗涤用水，节水潜力巨大。对此，酒店可以鼓励住宿超过一天的客人，继续使用原有的毛巾，或不更换床单，以减少清洗所需的水和洗涤剂用量。

（5）减少使用含氯氟燃的产品、含氯漂白剂和漂白过的酒店布草。

（6）尽可能购买有利于环境保护的商品和可再生利用的产品。很多酒店已将客房放置的洗衣袋从塑料制品改为纸制品，或用可多次使用的篮子代替。

（7）减少资源浪费。传统酒店的卫生间每天都要为客人配备肥皂、罐装浴液、洗发液等卫生清洁用品,凡客人用剩的都要扔掉,这既浪费了资源,又污染了环境。新加坡旅馆协会鼓励酒店将客房内的罐装洗浴液改为可添加的固定容器,既可减少浪费,也能避免顾客丢弃用剩的洗浴液。

以上措施不仅可以保护环境,为旅游产业的可持续发展作出贡献,而且还可大大节约酒店的经营成本。新加坡宝楼威酒店自从在其1/3的客房安装了可添加的洗浴液容器后,每天每间客房可节省0.39元。此外,酒店也鼓励居住多日的顾客继续使用原配置的布草,规定如使用同一条毛巾的,住客可将毛巾挂着;如果要换,就扔在地上。四个月下来,已为酒店节省了11%的洗涤费用。

二、旅游文化消费者行为与可持续发展

旅游者是旅游文化活动的主体,旅游者的消费行为直接决定旅游文化产业能否实现可持续发展。由此可见,旅游者的消费行为对于旅游文化产业的可持续发展具有重要影响,旅游者在从事旅游文化活动时,应该有环保意识,严格自律,为旅游文化产业的可持续发展作出贡献。

旅游者可从社会和个人角度为旅游文化产业的可持续发展作出贡献。

(一)社会角度

1. 要努力实现旅游消费结构的优化

要实现旅游消费结构优化,首先必须实现旅游消费的多样化。旅游消费多样化是旅游消费合理化的基本要求。旅游消费内容和旅游活动方式的

具体选择，必须满足消费者各种各样的需要，既要有参观游览、学习访问，又要有各种能让旅游者参与其中、亲身体验的娱乐活动；既有利于旅游者消除疲劳、增进健康，又有利于旅游者增长知识、修身养性、促进体力和智力的发展。住宿、饮食、交通等方面的支出，基本上是用于满足旅游者的生理需要，而游览娱乐和购物则基本上是为了满足旅游者鉴赏、追求的需要。因此，旅游者可通过这些活动开阔视野，培养和发展自己的各种兴趣和能力，提高自身精神文化素质。所以要不断优化旅游消费结构，满足人们多样化的消费要求。

2.实现消费市场的供求平衡

由于受时间、地点、政治、经济、社会心理等因素的影响，旅游需求具有很大的变动性，而旅游产品的供给能力一旦形成，则具有一定的稳定性。因此，合理的旅游消费，一方面应保证在旅游淡季和旅游"温冷点"有一定的消费规模，以提高旅游设施、设备的利用率，充分发挥旅游消费对饮食服务、旅馆、交通运输、邮电通信、金融、商业及娱乐业等行业的促进作用。另一方面，在旅游旺季和旅游"热点"，旅游消费的水平和结构应与旅游地的接待能力相适应。

3.要有利于旅游环境的保护和改善

良好的旅游环境属于高品位旅游资源和旅游产品的重要组成部分，是旅游消费得以顺利高效进行的必备条件，人们出门旅游的主要动机之一便是追求一个清新、舒适、宁静、安全的自然环境和社会环境。因此，合理的旅游消费首先必须有利于环境的保护和生态平衡的维持。某些特定的旅游活动，如狩猎、钓鱼、采花等必须以不损害自然界的生态平衡为限，严禁滥捕、滥猎、滥采。其次，合理的旅游消费还应该通过旅游活动的开展，增强人们对自然资源和历史文物的保护意识；此外，相关部门也应筹集资金，建设必要的排污设施，改善旅游区的环境状况。

4. 要有利于促进社会文明的进步

旅游消费是人们文化生活的重要组成部分，是一种高层次的包含着较多精神内容的生活方式，它的合理发展必须能给旅游者以新颖、舒适、优美、健康的感受，激发人们热爱生活、追求理想、奋发向上、努力学习的情感，提高其思想、艺术、文化修养，预防和打击各种腐败和不健康的现象，用丰富多彩的旅游活动内容和服务项目来充实旅游者的精神世界。

（二）个人角度

1. 要尊重访问目的地的文化

游客应该以学习、了解当地的文化、风俗习惯为目的，在当地居民允许的范围内参加各项活动。

2. 不破坏旅游资源，做文明旅游者

常有一些素质低下的游客，到达旅游景点后，肆意破坏旅游资源，如采摘珊瑚，攀折花木，在旅游建筑上乱涂、乱画、乱刻等，对此等不文明行为，旅游者应自觉抵制。

3. 不随意丢弃垃圾

一些游客随意丢弃塑料袋、饭盒、饮料瓶等垃圾，是造成旅游地及风景旅游区污染的重要原因，严重影响着旅游产业的可持续发展。很多国内的名山大川等风景旅游区不得不请人专门拾捡、清理旅游者留下的污染物。就连珠穆朗玛峰也不例外，游客留下的各种饮料罐、包装袋垃圾，使得当地有关部门不得不花费巨资去清运。因此，游客在旅游过程中应有环保意识，不随意丢弃垃圾，应将其丢进垃圾箱。有条件的地方，应将其按生活垃圾、可循环使用的和不可循环使用的垃圾等分类存放。

4. 尽量减少使用或不使用一次性消费的塑料饭盒、饮料瓶等白色污染物

据统计，我国每年对一次性快餐餐具的需求量就高达100亿只，仅青岛至徐州的双层旅游快车，在每天的往返途中就需要消费3000余碗快餐面。盛装这些快餐面的一次性塑料饭盒让铁路沿线形成了一道壮观的"白色污染线"，这种白色垃圾不仅仅污染了交通沿线，而且对旅游景点和景区的可持续发展构成严重威胁。因此，旅游者应尽量减少使用或不使用一次性消费的塑料饭盒、饮料瓶等白色污染物，而改用一些环保旅游企业用芦苇、稻草、麦秆、毛竹、棉花秸等原料生产的可降解型"绿色餐具"。

5. 不干扰野生生物的正常生存

游客应服从景区管理人员的管理，不捕杀、不追逐、不恐吓动物，不采集野生植物，不踩踏贵重植物。

6. 积极参加保护生态的各种有益活动

积极参加保护生态的各种有益活动包括：如向访问地捐助资金，提供知识技术，参加保护环境的宣传和义务劳动等。

三、旅游文化管理者与可持续发展

旅游文化产业是一个综合性行业，涉及的面非常广，因此，除了国家旅游主管部门以外，其他政府部门都对旅游的某些方面具有管辖权，如交通运输部门、贸易部门、环境部门等。所有这些政府部门都可以对旅游产业实现可持续发展施加影响。

国家旅游管理机构及有关政府部门可以在以下方面对旅游文化产业实现可持续发展作出贡献。

（一）制定实现旅游文化产业可持续发展的有关政策法规

通过贯彻"谁污染，谁付费"的原则制订标签计划，对有害物质的使用进行预防性和惩罚性管理。此外，有些国家已着手制定《游客行为的基本准则》，准备对破坏环境、生态的游客，以及监督不力的导游实施经济处罚。另外，国家旅游主管部门和有关立法机构还应按照可持续发展旅游的思想，对现行政策法规进行重新评估和修订。

在我国，还应特别防止以"人治"代替"法治"，否则，再好的政策法规都会变成一纸空文。例如，国务院有关部门2017年发布了《建设项目环境保护管理条例》，指出："对未经批准环境影响报告书或环境影响报告表的建设项目,计划部门不办理征地设计任务书的审批手续,银行不予贷款;凡环境保护设计篇章未经环境保护部门审查的建设项目,有关部门不办理施工执照,物资部门不供应材料和设备,凡没有取得环境保护设施验收合格证的建设项目,工商行政部门不办理营业执照。"然而,这些政策、规定在一定程度上并没有得到很好的贯彻落实,究其原因就是以言代法、以权代法、长官意志等官僚主义造成的。

(二)对旅游文化产业有关部门、企业和从业者进行培训和教育

国家旅游管理机构及有关政府部门应就旅游文化产业可持续发展的必要性以及旅游文化产业可持续发展的性质和范围对旅游产业有关部门、企业和从业者进行培训和教育,以提高认识,强化其旅游文化产业可持续发展的思想和行为,并在可能的情况下,向其传授实现旅游文化产业可持续发展的有关技能。同时,政府部门可充分利用各种新闻媒体向全社会普及可持续旅游发展的基本知识,在大、中专院校开设相应的课程或讲座,努力使可持续旅游发展思想在旅游界乃至于全民中深入人心,为实施可持续旅游文化发展战略和规划奠定良好的思想基础。

(三)制定可持续旅游文化产业的发展规划

在旅游文化产业发展中,不做规划或规划不善可能导致对环境、资源和文化的破坏。而按照可持续思想,对旅游文化产业进行科学的规划,则可有效利用土地资源,最大限度实现旅游文化产业潜在的环境效益和经济利益,同时,使可能发生的环境或文化破坏降低到最低程度。

第六章 乡村旅游文化产业的可持续发展

政府部门在制定可持续旅游文化产业发展战略与规划时，应多从环境适应性方面来考虑，努力争取"旅游发展与环境保护的永久和谐"。在新建旅游文化产业区时，政府部门应首先规划建设生活污水处理厂，注意保护好区域内的地形、地貌和自然植被。对于旅游资源，要强调适度开发的原则，防止掠夺性开发。特别是对于自然保护区，政府要根据不同保护区内不同区域的重要性和脆弱性，划分为核心保护区、缓冲区和生产实验区等不同层次，可规定：核心保护区不得开发旅游；缓冲区只可开发科学考察旅游；而旅游设施则应规划在生产实验区或保护区的外围。

（四）建立旅游文化产业可持续发展评估体系

对旅游文化产业发展的评估和统计指标不应只注意经济指标，而忽略社会、文化、环境等方面的考虑。旅游行政管理部门应会同有关部门研制和确定一套全面、科学的旅游文化产业发展评估和统计指标体系，特别是要建立环境质量监测和效应评估体系，并责成有关机构及时监测和评估，定期公布，及时分析，发布预警，以形成一种社会力量，及时、全面、全方位地控制旅游环境污染。

（五）加强与其他国家的技术、经验交流

这种交流，特别是在发达国家和不发达国家之间的交流，对于各国实现旅游文化产业的可持续发展将很有裨益。

第三节　旅游文化产业的发展趋势

一、国际旅游文化产业的发展趋势

现代旅游产业产生于19世纪中叶，20世纪是世界旅游产业的大发展时期，特别是在20世纪后半期，即"二战"以后，旅游产业获得了和平的发展环境，一跃而成为世界第一大产业。旅游文化产业则兴起于20世纪末，进入21世纪，世界旅游文化产业将发生如下变化。

（一）旅游文化产业在国民经济中的地位和作用将不断提高

随着世界经济的发展，人们的经济收入和生活水平不断提高，同时，随着科学技术的进步，人们的劳动生产率也不断提高，工作日相对减少，而闲暇时间则不断增加，对精神文化的需求也越来越迫切。如果说旅游是人们使用闲暇时间的最佳方式之一，那么旅游文化活动是满足游客文化需求的最佳途径之一。随着社会的进步，旅游文化活动将逐渐成为一种新的旅游方式。在近几年，我国参加旅游文化活动人数每年已达8.84亿人次，占总人口的69%。

人们对物质资料的需求是有限的，而精神需求则是无限的。旅游文化活动主要满足人们的精神需求。通过旅游，人们增长见识、陶冶情操、放松精神、恢复体力，因此，对旅游文化需求的满足将是无止境的。旅游文化产业将为一个国家创造越来越多的就业机会和经济收入，因而，旅游文化产业在国民经济中的地位和作用将不断提高。

（二）旅游文化产业将面对集团化、网络化和国际化的发展趋势

随着国际贸易自由化的发展，各国在不断减少和消除各种有形的和无形的贸易壁垒。就旅游文化产业而言，越来越多的国家为了鼓励旅游文化产业的发展，开始简化签证手续，缩短签证时间，或实施落地签证甚至取消签证的政策。与此同时，也有越来越多的国家开始允许国际跨国公司或外国公司在本国以合资、独资等多种形式开办旅游企业，从事旅游文化经营活动。因此，旅游文化产业经营将走向国际化，旅游文化产业的竞争将进一步加剧。为了应对日益激烈的竞争，旅游文化产业将通过联合、合并或吞并等多种形式，走集团化道路，以便增强实力，降低成本，促进销售。

另外，电子信息技术的应用，最终将引起旅游文化产业的革命，对旅游文化产业的结构及旅游文化产业的经营模式产生重大影响。随着电子信息技术的发展，旅游文化产业的经营从顾客的预订到日常服务和经营管理都将朝网络化发展，包括"互联网"在内的电子信息技术在旅游文化产业的经营活动中将起到越来越重要的作用。

（三）传统的观光旅游文化产品将让位于休闲度假旅游文化产品

进入21世纪，旅游将不再是少数人奢侈的生活方式，而是一种大众化的活动，像人们吃饭、穿衣一样普遍，大多数人在其一生中将多次外出旅游。在英国，平均每年外出旅游达3次的人占全国人口的半数；在法国，这一比例也达到 45%；而在瑞典，这一比例则更高，达到 75%。人们会发现，很多旅游景点都已经"观光"过了，有的地方甚至已经去了不止一次，久而久之，人们对观光旅游就失去了兴趣，传统的走马观花式的观光旅游将让位于以休闲、娱乐、放松为目的的度假旅游。

（四）无文化主题旅游向文化主题旅游转化

随着旅游文化活动的开展，传统的非文化主题旅游将很难满足游客们的特殊需求，而根据游客的特殊兴趣和爱好设计的旅游文化产品对于旅游者则更具吸引力，如"孔子文化游""三国寻古游""自驾车旅游""亲子游"等。因此，旅游文化市场将进一步细分化。

（五）旅游文化产业的可持续发展是未来旅游产业发展所追求的永恒主题

旅游文化资源的过度开发，旅游文化产业的盲目发展，已经对社会及生态环境造成了危害，进而威胁到旅游文化产业自身的发展，人们越来越清醒地认识到，旅游文化产业已不再是无烟工业。因此，旅游文化产业的可持续发展将成为未来旅游文化产业发展所追求的永恒主题，各国政府、旅游文化企业和旅游者应为实现旅游文化产业的可持续发展而共同努力。

（六）我国将成为世界第一旅游文化产业大国

我国有着十分丰富的自然和文化旅游资源，随着改革开放的不断深入，我国在国际上的政治、经济地位不断提高，影响不断增大，与此同时，旅游产业也得到了快速的发展。多年来，我国一直是世界旅游增长最快的国家之一，其世界排名不断上升。

二、国内旅游文化产业的发展趋势

随着我国旅游产业的不断发展，游客对旅游文化的需求越来越高。通过对国际旅游文化产业发展趋势的分析，结合我国旅游文化产业现阶段发展情况，本书认为，国内旅游文化产业发展趋势主要表现在以下几点：

（一）适应新常态，准确把握经济新常态下旅游文化产业发展的新趋势

1. 新趋势

一是第三产业逐步成为产业主体。二是个性化、多样化消费需求逐步成为需求主体。三是居民收入占比不断提升；四是从传统观光旅游向休闲体验健康现代旅游转变。从经济新常态来看，产业结构的转型升级、消费结构的升级，第三产业消费需求逐步成为主体，居民收入占比上升，给文化旅游产业的发展带来了新一轮的机遇。从消费规律来看，我们经历了消费结构的第一次升级：基本生活用品消费。第二次升级：彩电和冰箱消费；第三次升级：汽车和住房消费。目前我们面临第四次消费升级：向旅游、教育、娱乐等文化类消费品转变，文化消费将成为新的经济增长点。从某种意义上说，要实现中国经济"升级版"，先要实现消费"升级版"。近几年来，我国居民人均文化消费逐年增长，文化消费占消费支出的比重整体呈逐年提高趋势，但绝对水平依然较低，远远低于10%~12%的发达国家一般水平，增长潜力很大。

2. 新动力

一是创新驱动成为趋势。文化旅游是创意创新创造产业,讲究无中生有、有中生奇。二是第三产业逐步成为产业主体。虽然不同的地区、不同的发展阶段会有不同的顺序,但从经济发展规律来看,三二一的产业顺序是产业发展的客观趋势。

3. 新机会

一是互联网催生新的文化旅游产业态。二是旅游出行人数不断增多。2014年,全国国内旅游人数为36亿人次;2020年已达到60亿人次。三是旅游方式转变。据统计,在各种旅游方式中,70%是自己组织和单独旅游,只有30%是团队旅游。分析以上数据,我国很可能将进入全民的、大众自助旅游时代。

(二)发挥优势,促进我国旅游文化产业转型升级

1. 抓住旅游文化产业转型升级的机遇

产业转型升级是挑战,更是机遇,旅游文化产业发展更是如此。传统旅游占主导时,政府高度重视、部门努力,但受资源限制,我国旅游文化虽有发展,但是处于不瘟不火状态。在新常态下,我们可以变劣势为优势,发挥比较和后发的新优势,抓好现有常规旅游文化产品、产业的同时,抓住先机,抓好文化旅游先导产业。

2. 发挥优势,顺时而谋

健康、休闲产业是旅游文化发展的客观趋势。目前,旅游文化产业方

兴未艾。全球股市市值中与健康产业相关股票的市值约占总市值的13%。特别是在发达国家，健康产业已经成为带动整个国民经济增长的强大动力：美国服务业占GDP的75%以上，其中健康行业增加值占GDP的20%以上；在德国，服务业占GDP的75%左右，其中健康产业占15%。从国际健康养生产业发展来看，人均GDP达3000美元时为健康养生产业加速发展临界点，当人均GDP超过3000美元时，健康养生产业就进入快速发展期。2013年底，我国人均GDP已达6767美元，以健康养生为主的旅游文化产业迎来了黄金发展时期。

3. 抢占制高点，大力发展阳光康养休闲产业

随着人们越来越重视健康和生活质量，以及我国逐步步入老龄化社会，阳光康养休闲产业呈现出蓬勃生机。阳光康养产业覆盖面广、产业链长，涉及健康、养老、医疗、旅游、体育、保险、文化、科技信息、绿色农业等多领域、多方面，是现代服务业的重要组成部分。随着中国快速进入老龄化社会，养老和健康等产业领域将成为中国经济新的增长点之一，具有强大的生命力。目前，我国的攀枝花市和秦皇岛市正在着力打造国家级康养产业发展实验区。

（三）多措并举，坚定不移、持之以恒抓好旅游文化产业发展

1. 转变观念

一是转变"文化搭台、经济唱戏"观念，树立"文化是主角，文化也是大产业"的观念。特别是文化旅游可以成为大产业。我国文化产业分为

10大类、50个中类和120个小类，品种繁多、内容丰富、附加值高。比如北京故宫、丽江古城、杭州宋城、皖南古村落、深圳世界之窗、长隆旅游度假区等旅游景区，其文化效益、经济效益都非常可观。二是转变发展方式。发展文化旅游产业不是一日之功，要坚定不移、持之以恒。要注重精细化，就是要根据当前文化旅游发展的趋势和游客需求，创新发展思维，围绕"精、专、特"抓文化旅游产业。

2. 搞好规划

一是科学编制文化旅游发展战略规划。树立"城市即旅游、旅游即城市"理念，按照"经济社会发展规划与文化旅游发展战略规划相结合，城市建设总体规划与文化旅游产业规划相结合，县城文化旅游发展规划与乡镇文化旅游发展规划相结合"的要求，编制好文化旅游发展战略规划。二是科学编制文化旅游产业发展规划。按照"大旅游、大产业"的要求，做好"十四五"时期文化旅游产业发展规划，把文化旅游产业作为重点产业、先导产业来打造。三是科学编制文化旅游产业发展项目建设规划。按照"先规划、后建设"的原则，编制好文化旅游产业项目规划。政府要规划好文化旅游基础设施建设项目，使城市市政建设项目与文化旅游项目有机融合、相互配套。

3. 突出重点

一是抓好引导工作。通过政府引导、企业主体、社会参与等方法，引导企业着力发展文化旅游产业，特别是阳光康养休闲产业。二是抓好特色文化旅游产业。围绕做大做精,抓好民族特色、地域特色文化旅游产业发展。文化和旅游部、财政部在2014年发布的《关于推动特色文化产业发展的指导意见》中提出:持续推进藏羌彝文化产业走廊、丝绸之路文化产业带建设,支持大力发展特色产业、特色产品;文化部、工业和信息化部、财政部在2014年发布的《关于大力支持小微文化企业发展的实施意见》中提出大力扶持小微文化企业发展。三是抓好文化旅游产业项目建设。四是办好节庆活动。围绕进一步扩大影响力和知名度,各地政府要办好龙舟节、泼水节、火把节、元宵节、中秋节、樱桃节等独具特色的民族性、地方性节庆活动。

4. 抓好融合

抓好融合就是要产城融合、产旅融合发展。一是与城市融合。围绕"城市即文化、文化即城市"的理念,以打造文化旅游城市为目标,促进文化旅游产业与精品城市建设融合发展。二是与科技,特别是与互联网融合。以互联网的思维方式宣传营销文化旅游。现在旅游首先找的不是旅行社,而是找携程网、去哪儿网等,吃住行游购娱全部可以搞定。三是与产业发展融合。围绕观光、休闲、体验的需求,与农耕文明融合、工业文明融合、文化艺术融合发展。

5. 夯实基础

万变不离其宗,"吃、住、行、游、购、娱"六要素是文化旅游产业发展的基础和条件,政府和相关部门要坚持抓大不放小,围绕完善"六要素",扎扎实实打好发展基础,实现文化旅游产业的健康、可持续发展。

参考文献

[1] 张松婷. 乡村文化传承与旅游产业创新理论与实践[M]. 长春：吉林大学出版社，2021.

[2] 罗伯特·保罗·沃尔夫. 乡村旅游与文化创意产业融合发展研究[M]. 延吉：延边大学出版社，2022.

[3] 邹荣，张仁汉. 宁夏乡村公共文化服务与旅游[M]. 北京：阳光出版社，2021.

[4] 杜丽丽. 民宿在乡村生态文化旅游中的发展路径探析[J]. 现代营销(学苑版)，2017(12)：170-172.

[5] 曹露. 黄河流域乡村文化产业发展研究[M]. 长春：吉林人民出版社，2021.

[6] 刘曙霞. 乡村旅游创新发展研究[M]. 北京：中国经济出版社，2017.

[7] 杨艳丽. 金融支持文化旅游产业发展研究[M]. 北京：中国商业出版社，2021.

[8] 杨占武. 宁夏旅游资源与文化旅游产业发展报告[M]. 银川：宁夏人民出版社，2015.

[9] 王淑娟,李国庆,李志伟.大运河沿岸历史遗存与文化旅游产业发展研究[M].长春:吉林大学出版社,2021.

[10] 邓爱民,郭可欣.数字时代文化和旅游产业线上展会发展理论与实证研究[M].北京:中国旅游出版社,2022.

[11] 王婉飞.乡村振兴战略下我国乡村旅游可持续发展的村民参与研究[M].杭州:浙江大学出版社,2023.

[12] 窦志萍.乡村旅游:从理论到实践[M].北京:中国旅游出版社,2022.

[13] 杨琴.绿色产业助力乡村振兴 中国乡村旅游产业高质量发展研究[M].北京:中国社会科学出版社,2022.

[14] 刘玲.基于可持续生计的乡村旅游内生发展效应评价[M].北京:经济科学出版社,2022.

[15] 许少辉.乡村振兴战略下传统村落文化旅游设计[M].北京:中国建筑工业出版社,2022.

[16] 苟勇,龙芙君,李侠.乡村文化旅游建设与发展[M].北京:清华大学出版社,2022.

[17] 王庆生,李烨,冉群超,等.天津乡村旅游发展研究[M].北京:中国铁道出版社,2022.

[18] 李文婷,陈丽琴.乡村振兴战略背景下乡村文旅产业发展的思考[J].农业经济,2022(6):15-17.

[19] 陈惠.论扶贫视角下农村旅游文创产品的设计研究[J].包装工程,2020,

41(18):302-305.

[20] 鲁明月. 乡村文化旅游发展模式研究[J]. 纳税, 2019(29):171-172.

[21] 薛芮, 余吉安. 基于地方品牌建构的乡村文化旅游活化路径[J]. 经济地理, 2022, 42(6):8.